名师名校名校长

凝聚名师共识
圆志名师关怀
打造名师品牌
培育名师群体

程明远题

让优秀传统文化浸润校园

唐琼／主编

中国文联出版社

图书在版编目（CIP）数据

让优秀传统文化浸润校园 / 唐琼主编. — 北京：
中国文联出版社，2022.7

ISBN 978-7-5190-4888-4

Ⅰ. ①让… Ⅱ. ①唐… Ⅲ. ①中华文化—教学研究—
小学 Ⅳ. ①G623.202

中国版本图书馆CIP数据核字（2022）第128461号

主　　编　唐　琼
责任编辑　刘　旭
责任校对　刘秋燕
装帧设计　刘贝贝　李　娜

出版发行　中国文联出版社有限公司
社　　址　北京市朝阳区农展馆南里10号　　邮编　100125
电　　话　010-85923025（发行部）　010-85923091（总编室）
经　　销　全国新华书店等
印　　刷　北京四海锦诚印刷技术有限公司

开　　本　710毫米×1000毫米　　1/16
印　　张　16
字　　数　276千字
版　　次　2022年7月第1版第1次印刷
定　　价　58.00元

目 录

第一篇　学校管理篇

第二篇　教育教学篇

第一篇

学校管理篇

让优秀传统文化浸润校园

唐 琼

中华优秀传统文化博大精深，是中华民族五千年文明历史积淀下来的文化瑰宝，是中华民族的精神之源。2014年，教育部印发《完善中华优秀传统文化教育指导纲要》，从立德树人和培育社会主义核心价值观的高度，对中华优秀传统文化教育的重要性、指导思想、基本原则、主要内容、课程教材等方面作出全面细致的规定，为学校开展传统文化教育指明了方向，提供了思路。

珠海经济特区地处粤港澳大湾区腹地，比邻澳门、香港，是粤港澳文化融合的交汇点。这里中西文化交流频繁、各种文化思潮交流冲击，深刻影响着青少年儿童的学习成长。为立德树人，培育有浓厚家国情怀、有高尚人文情怀及文化自信的青少年学生，中小学必须深入研究优秀传统文化教育，努力打造有地区特色的传统文化课程，用优秀传统文化浸润学生心灵，引导学生健康成长。

一、以校为本，精准把脉，确定学校传统文化建设思路

开展学校优秀传统文化建设，首先必须先深入了解学校历史及现实发展情况，以校为本，精准把脉。以珠海市香洲区翠微小学为例，其前身为广东省香山县凤池书院，是一所有着260多年历史的老校，近现代曾为国家社会培养了众多的人才。但学校目前地处珠海最大的城中村，周边人流混杂，社区环境复杂，很容易对学生成长产生不良影响，学校教育教学发展相对迟缓。为改变落后面貌，学校领导班子深入调研、认真思考，从学校实际出发，决定挖掘校本优势、深入开展优秀传统文化教育，用传统文化浸润校园，滋养学生。

于是，学校通过望闻问切的方式，多方交流、深入挖掘，全面了解、探寻学校发展脉络，在此基础上，确定学校发展传统文化教育的总体思路：传百年书香文脉，启现代智慧薪火，建设"和谐"新翠微，通过"营造和雅环境、实

施和煦德育、建设和宜课程、打造和乐课堂",实现学校发展的"三个和谐统一",即继承与发展的和谐统一,"书香"与"智慧"的和谐统一,学校、师生共同发展的和谐统一,从而推动学校办学水平全面提升。

二、以人为本,精心设计,扎实开展优秀传统文化教育

有了建设目标,学校应进一步做好顶层设计,以书香校园建设及传统文化教育课程建设为突破口,全面落实优秀传统文化教育。

(一)以生为本,书香校园建设润物无声

以香洲十二小为例,学校深入开展书香校园的建设,营造和雅环境、丰富书香活动,不断培育有家国情怀、民族精神的一代新人。

1. 春风化雨,书香环境育人无声

环境对人的影响是潜移默化的。为营造和谐雅致的校园环境,用传统文化的气息浸润学生心灵。学校校园文化建设注重厚德载物、书香典雅,先后建设了书香宣传栏、书法室、名人铜像等校园景观,让传统文化的气息溢满校园,成为优秀传统文化教育的生动教材。

为营造浓浓书香气息,学校充分发挥电视台、宣传栏、广播站等宣传阵地的作用,让每一面墙、每一个设施都会说话。比如学校中厅的"十二大舞台,有才你就来"个人风采展示栏,鼓励学生们将自己书香学习的成果,如诗文、书法、书画、小说等作品拿来展出,与人分享,学校为其颁发"特长之星"证书。学生们自愿申报、自己布展,激发学生学习热情,丰厚学校的书香气息。

2. 坚持不懈,书香活动润养童心

学校坚持不懈,开展传统文化养成教育、经典诵读系列活动等特色教育活动,滋养学生的心灵。

(1)抓好"三礼",做好传统文化养成教育。

"三礼"是指日常礼、升旗礼和成长礼。

"日常礼"是指培养学生日常文明规范。学校将日常礼编成儿歌,定期检查,让传统美德成为孩子自觉的文明行动。

学校改革"升旗礼",将升旗仪式与传统文化教育结合起来。每周的升旗仪式,轮值班级精心准备,独具匠心的经典表演浸润每个孩子的心灵。

"成长礼"包括指入学礼、少年礼（四年级）和毕业礼。通过在孩子不同的成长阶段，用具有传统文化气息的、仪式感十足的教育活动，教育孩子健康成长。

（2）坚持"三读"，让经典诵读成为习惯。

"三读"是指"晨间诵、课前吟、夕时读"的经典诵读操作模式。学校根据年段给学生安排定时、定量的诵读内容，使学生 "天天诵读，天天积累"。年段具体诵读内容由年级组长带领语文老师商讨确定，并安排好诵读进度。

"晨读务早，来轸方遒。"每天早上，学生入校即读，进行十到十五分钟的"晨诵"活动，由语文教师组织并指导学生诵读，让学生养成良好的诵读习惯。

"课前一吟，日积月累。"每天语文课前三分钟时间，各班开展"课前一吟"，做到读而常吟之，熟读成诵。

"夕时共读，分享巩固。"晚上学生与家长亲子共读分享，巩固每天诵读成果。

（3）过好"三节"，让书香浸透传统文化的养分。

"三节"是指读书节、校庆节、传统文化节。

"读书节"每学年一次，主题不同，形式不同，如2018年主题为"阅读指向言说"，2019年主题为"祖国，我为你点赞"，2020年主题为"感受文字之美，言说读书之乐"，吸引所有的学生参与，书香盈满校园。

"校庆节"是结合学校历史开展的传统文化教育活动。通过校史学习与宣传，对学生开展爱校、爱家乡教育，培养学生的家国情怀。

"传统文化节"是学校传统文化的集中展示。近年来，我们将传统文化节与中华传统节日结合，效果突出。比如结合中秋佳节开展传统文化节活动，我们可以组织中秋诗歌诵读活动、制作灯笼及猜灯谜活动等；结合元旦开展传统文化节，学校可组织开展春联收集与挥春活动，好的作品将贴在学校教学楼及教室门口等。这些活动，既可丰盈校园传统文化氛围，也能提升学生的综合素养，让传统文化的独特魅力根植于孩子们心中。

3. 智慧在线，书香活动魅力无穷

互联网时代，传统文化的教育也要随之改变形式。借智慧校园建设之东风，学校充分利用网络媒体及资源，创新开展传统文化在线活动，智慧书香活动魅力无穷。

首先，学校教师积极开展在线教育活动，如国学知识在线讲座、易错成语辨析、精彩小古文、我爱古诗词、写作坊等。这些在线讲座及互动课程，师生家长只要扫描二维码就可随时随地地学习观看、交流成长。

其次，语文科组还积极组织学生开展在线活动，有学生个人的在线朗诵吧、习作展示等；有校际的学生在线互动活动，如在线成语比赛、古诗词竞赛活动等；还有"我与祖国在一起"六省十校在线节目及"走进2020·六省迎新互动直播"等大型活动。这些在线活动，极大地丰富了传统文化教育活动形式，让传统文化魅力通过网络传入更多师生的心灵，也进入无数的家庭。

（二）课程入手，传统教育扎实有效

传统文化教育要扎实有效，就必须积极推进优秀传统文化"进课程、进教材、进课堂、进头脑"。

一是加强学校必修课程中传统文化教育的有机渗透与融合。其主渠道是语文和思品学科，但艺术、综合实践等其他学科也都有融合渗透的空间。学科老师应加强研究、深入挖掘教材内容，创造性开展和乐教学，将优秀传统文化教育的内容有机渗透，丰富课程的教学内涵。

以数学课为例，巧妙引入经典，效果往往令人惊喜。比如"用字母表示数"一课，教师将古诗引入教学中，让学生齐诵"两只黄鹂鸣翠柳，一行白鹭上青天"后，相机提问："孩子们，诗中黄鹂有多少只？那白鹭呢？""一行。一行是多少只呢？数学上可以怎么表示？"由古诗诵读巧妙地引出问题、导入新课，设计新颖而贴切，学生们很感兴趣。这节课也因而很有新意，在"一师一优课"活动中评为部级优课。

二是打造有传统文化特色的地方课程与校本课程。地方课程与校本课程是学校开展传统文化教育的重要阵地。学校应以校为本，让传统文化与地方课程、校本课程深度融合，建设和宜课程。

比如学校的书法课和"读书会"课，书法本身就是传统文化的内容，教学时，我们还可用经典作为书写的主要内容，课程传统教育深度自然增加；而"读书会"课则可以组织开展读传统经典为主的阅读推广活动，老师也可开设经典诵读指导课等，让课程与传统文化教育无缝链接。

以校为本，学校重点打造了国学经典特色课程、传统文化第二课堂及传统文化活动课程等，让传统文化教育融入每个孩子的学习生活：

（1）建设极具特色的传统文化课程——国学课。学校选用北京师范大学出版的《国学》教材，开设国学课程，并通过校内国学研读课活动，教师们互听互评、质疑探源、归纳方法，将传统文化的教学落在实处。

（2）开设以传统文化为内容的"最爱传统文化"第二课堂课程。课程根据年级特点分设不同主题，如一年级"最爱传统游戏"、二年级"走近传统节日"等，并以课程超市的形式分设必修和选修内容。

以2017—2018学年度为例，学校"最爱传统文化"课程超市共设置课程近30个，极大地丰富了学生传统文化的学习内容，深受学生喜爱与欢迎。如五、六年级的第二课堂课程安排见表1–1。

表1–1

年级	主题	序号	活动项目	类型	辅导老师	人数	上课地点
五年级	亲近国学经典	1	经典诗词欣赏	必修	班主任		各班教室
		2	中华动物诗词诵读	选修			五（1）班
		3	经典绘本故事				五（2）班
		4	经典影视欣赏				五（3）班
		5	《红楼梦》诗词诵读				五（4）班
六年级	探秘传统智慧	1	《论语》诵读与赏析	必修			各班教室
		2	中华数学的摇篮	选修			六（1）班
		3	文字与艺术				六（2）班
		4	兵法三十六计				六（3）班

课程内容丰富，形式新颖。多元的选择，将学生们学习传统文化的主动性与积极性调动起来，学习兴趣高涨，保证了传统文化教育更具实效。

（3）开设传统文化气息浓厚的活动课程。学校丰富学生传统文化课外活动，开设了如武术、空竹、太极、围棋等兴趣课程，吸引孩子走近传统，主动传承中华民族优秀文化。以武术为例，学校将武术作为校体育艺术"2+1"建设项目，不仅编制了武术操，也开设武术兴趣班，鼓励学生积极参加武术锻炼、开展班级武术比赛交流等，使武术成为学生最喜爱的运动方式。

（三）植根校本，课题研究深入有效

为引领传统文化教育的更好开展，加强相关课题研究，用科研促发展，也是保证学校传统文化教育深入有效的关键一环。以翠微小学为例，学校先后申报并开展多个与传统文化教育有关的课题研究。通过课题研究，将传统文化教育从实践经验引向理论思考，提升了学校传统文化的教育发展。

承传统文化之根，传民族精神之魂。学校通过打造传统文化气息浓厚的书香校园、建设有校本特色的传统文化课程，创新开展传统文化教育，就能让优秀传统文化在校园生根开花，浸润校园、滋养学生，培养新时代合格学生。

加强学校课程建设，落实国学经典诵读

唐　琼

五千年中国文化，犹如一条滚滚长河，滋养着一代又一代华夏儿女。诗经楚辞、史记汉赋、唐诗宋词、明清小说等，作为国学经典，深蕴着中华民族的文化命脉，存续着整个中华民族的文化基因。在大力提倡中华优秀传统文化进校园和全面提升学生语文素养的今天，让国学经典走进学校，丰富与提升学生的生命内涵，已是大势所趋。

事实上，现今许多学校和地方也已开展了经典诵读活动。深入考究后我们发现，许多学校只是将经典诵读作为一种兴趣活动开展，表面上热热闹闹、轰轰烈烈，但实际上浮于表面，并没有沉下去，没有形成有效的机制与操作策略，学生也并不喜爱，因此，经典诵读就如一阵风，吹过就散，不能真正扎根于校园，不能与学校的教育教学实现真正意义上的整合。

那么，如何才能更好地实施国学经典诵读，让经典诵读更加规范有序地在学校开展并为学生所喜爱呢？笔者认为，要想"渠水清如许"，将国学经典诵读开展好，就得从根本入手，做好学校的课程建设。要以课程改革为源头、为抓手，积极推进优秀传统文化"进课程、进教材、进课堂、进头脑"，使经典诵读成为有源头之活水，更具生命力，也真正落到实处。

通过实践探索，我们加强了学校课程的改革与建设，将国学经典诵读与学

校的必修课程、地方与校本课程及特色课程的打造全面整合，让经典诵读在校园落地开花，取得了明显的成效。

一、必修课程巧渗透，经典诵读有侧重

必修课程是学校课程的主干部分，要想经典诵读落定实处，加强必修课程的建设，在必修课程的教学中巧妙地渗透经典诵读是十分重要的，应有所侧重。

1. 语文学科是渗透经典诵读的主渠道

语文教材所选取的文章，有许多本就是文质兼美的经典文章。十分利于引导学生开展诵读，比如教学小古文《杨氏之子》及教材中的古诗词，课上就应该自然地融入经典诵读的指导。同时，通过一篇加多篇的"1+n"教学模式，引入多篇相关经典文章的诵读，使诵读更加扎实有效。

2. 艺术类课程也应该有机渗透

比如音乐课上，让学生吟唱经典诗词，学习为经典谱曲，将经典戏曲表演引入课堂等；美术课上，让学生诵读经典并为古诗词配画，根据诗词想象作画等，都是让经典诵读在课堂焕发光彩的有效途径。如美术课"在盘子上作画"引入了古诗词的元素，让学生在有感情地诵读古诗后，想象诗中的画面，然后在纸盘上作画题诗，孩子们自然兴趣盎然，创作也会十分精彩。

3. 充分挖掘其他必修课程的经典渗透点

使国学经典在课堂上与学生不期而遇，会产生令人意想不到的效果。

比如数学课，巧妙引入经典，效果往往令人惊喜。比如有教师执教"用字母表示数"一课，将古诗引入教学中，在让学生齐诵"两只黄鹂鸣翠柳，一行白鹭上青天"的诗句后，教师相机提问："孩子们，诗中黄鹂有多少只？那白鹭呢？""一行。一行是多少只呢？数学上可以怎么表示呢？"看，由古诗诵读巧妙地引出问题、导入新课，设计新颖而贴切，学生们很感兴趣。

结合思品、综合实践等课程，也可适当开展经典诵读。比如学习思品课"呵护我们的身体"时，让孩子们收集有关好的生活或卫生习惯的谚语、诗句并诵读；开展"寻找春天的诗意"的综合实践活动、组织学生根据经典诗文进行诵读有关春天的诗句并编写手抄报活动等这些活动，能为学生提供版面设

计、选材、绘画、书法、编写等各方面能力的锻炼机会，也能让经典在孩子们的心中留下了美好的印迹。

二、地方与学校课程重融合，经典诵读有抓手

在地方与学校课程的建设中，将经典诵读与学校教育教学全面融合，这是开展经典诵读最重要的途径与抓手。

1. 经典诵读融入学校德育，打造学校德育课程体系

（1）将学校德育主题教育与经典诵读相结合，建设学校"德育主题教育"课程，使德育教育的主题更加鲜明，德育教育系列化、常态化。

首先，尝试用三字经的形式明确一学年中每月德育的主题，既便于学生们诵读记忆，也能引导学生自觉参与德育主题教育的课程活动。比如：一月份"勤学习，惜光阴"，二月份"养习惯，有诚信"，三月份"讲文明，守纪律"，四月份"懂感恩，敬双亲"，五月份"爱劳动，有干劲"，六月份"树理想，促奋进"，七月份"爱社会，服务新"等。

其次，在开展主题教育时，也可以将经典诵读融入其中。如将《弟子规》《三字经》《孟子》《大学》等经典中涉及礼仪教育、行为规范教育、感恩教育、爱国主义教育、孝敬父母、尊老爱幼、诚实守信等方面的内容，与专题教育相结合，效果很好。又比如四月份开展的"懂感恩，敬双亲"专题教育，可以让学生们诵读《游子吟》"谁言寸草心，报得三春晖"、《礼记》"孝子之养也，乐其心，不违其志"、《论语》"父母之所爱亦爱之，父母之所敬亦敬之"等诗句，学生们在读中感悟、读中自然成长，潜移默化地受到了教育。

（2）将德育活动、团队活动等与经典诵读相结合，打造经典诵读常规活动课程，鼓励师生亲近经典，使活动更有特色与成效。

以我校为例，在实践过程中，我们就逐步形成并确定了经典诵读"四级常规"活动：

一是班级黑板报每周要刊登一首诗或一句经典文句，让学生反复诵读记忆，鼓励多诵多背。二是班级内每月要开展一次古诗文或经典文章诵读或背诵比赛，评选班级诵读星。三是年级每学期要组织开展一次主题诵读活动比赛，采用说、读、演、唱、画等个人或集体形式来进行表演比赛。将"三常规"活

动与德育月专题教育内容结合，常规活动可以更加具体有效。在实践中，我们鼓励学生集体参与、鼓励团队活动，比如班级开展小组比赛、年级开展班级对抗赛等，活动内容与形式精彩纷呈，增强了德育的效果。四是学校每学年组织一次大型经典诵读的集体展示活动，以激发师生亲近经典的兴趣，也让孩子们在团队活动中得到成长。与此同时，学校加强管理，对这些常规活动进行目标管理，注重活动计划、安排与过程的管理，从而使学校的经典诵读常规活动课程也基本建立起来。

在实践中，我们还将经典诵读与学校《首次教育》课程相融合，在一年级新生入学教育、每学期第一课等首次教育课程开课时，充分利用国学经典的内容开展相关教育，也取得了很好的效果。

（3）经典诵读与德育评比挂钩，评选诵读星、书香学生、书香班级、书香家庭等，使经典诵读更加深入落实。

经典诵读活动要想深入开展，离不开家庭、社会的支持。学校就主动与家庭联系，发动、指导家庭并联系社区参与"诵读经典诗文"活动。比如倡导各个家庭制订"亲子共读"计划，每天抽出10—20分钟，每周双休日抽出一个小时，家人集中在一起进行诵读活动，形成家长和孩子一起阅读经典的浓厚氛围。学校还应主动承担指导开展亲子诵读活动的任务，安排亲子经典诵读内容，鼓励家长陪伴孩子进行诵读，开展"我为孩子读经典"等活动，增进孩子与家长的相互沟通，相互理解，养成了诵读习惯。

为了营造良好的诵读氛围，形成诵读社区环境也十分重要。学校应积极与社区沟通，争取社区相关部门及人员的帮助。学校的诵读展示活动，也可以邀请家长及社区代表参与，让丰富多彩的诵读经典活动打动他们，争取他们的理解与支持。同时学校也应积极参加各社会组织开展的经典诵读活动，形成良好的社会影响，让更多的人参与这项活动，让经典诵读成为共识。

2. 经典诵读与校园文化建设相融合，打造学校整体文化教育课程体系

我们在学校校园文化的建设中融入优秀传统文化的元素，营造典雅校园环境，能形成隐性的环境教育课程。

首先，将经典诵读与学校整体的长期发展规划相结合，与学校书香校园建设、文明学校建设、优秀家长学校等德育创建活动相结合，发动师生家长、社会人士共同参与，能使经典诵读与学校工作深度融合，共同促进。当然，我们还应以科研促发展，开展与经典诵读相关的课题研究，提高经典诵读活动开展的科学性。

以我校为例，学校以"和谐"为核心词，围绕"和谐"这个中心，努力创设和雅环境，营造和美校园；全面实施和煦德育，形成和谐育人氛围；致力打造和乐课堂，建设和宜课程，不断提高教育教学质量。配合这一主题，学校的整体文化布置注重传统文化的渗透，宣传栏、橱窗、宣传屏、微信等，统一设计、统一制作，突显"和谐"的思想。同时，学校的宣传活动与内容也围绕优秀传统文化，如我们开设凤池大讲堂、凤池广播站、提倡摆手礼等，内涵丰富且形式多样，营造了环境熏陶人的氛围。

其次，我们应大力提倡开展班级文化建设，鼓励各班结合优秀传统文化与经典诵读活动，创造性开展班级文化建设。比如组织开展各班参加最美课室的评比，努力创建班级特色。我们鼓励开展书香班级的建设，倡导经典文化入班级。

环境教育氛围的打造，使学校书香氛围更浓，润物细无声，潜移默化对学生进行着教育，也产生了良好的教育效果。

3. 经典诵读融入书法课、阅读课等地方课程，课程活动更有特色

现在，许多学校都有开设丰富的地方课程和校本课程，比如开设书法课、阅读课等课程。这些课程，可以有计划地将经典诵读融入，使课程内容更加多元化。

比如我校结合书会课，开设经典诵读指导课，指导学生开展有效阅读，让经典诵读成为正式的课程，学生也更加重视；结合书法课，我们将诵读融入到学生的规范写字活动中，读与写并举，学生的兴趣也更高；我们还将每天中午的阅读时间改为读与写时间，不仅重视学生经典诗文的诵读，也重视学生汉字书写能力的提高，注重培养学生良好的写字习惯。更重要的是，让学生在读与写中感受经典语言的魅力，感受汉字独具的音韵美、形体美和艺术美。

4. 将经典诵读融入学校社团活动及第二课堂等校本课程的建设中，打造优秀传统文化主题课程

加强校本课程的建设，突出优秀传统文化为主题的课程建设，是学校开展经典诵读的最有效途径。

比如我们学校社团及第二课堂以"最爱传统文化"课程超市的形式出现：

学校按年级学生身心特点，确定每个年级不同的传统文化学习主题，分别是趣味传统游戏、爱上传统节日、浸润传统艺术、参与传统体育、亲近国学经典、探秘传统智慧等，六年形成一个传统文化教育的系列。而在每个主题下分学期开设不同的专门课程，如六年级在探秘传统智慧主题下开设的《论语》赏析、中华科技与四大发明、水浒智慧、传统教育与科举等课程。学生们通过必修与选修，自主选择不同课程，主动参与传统文化学习，亲近经典。通过六年十二个学期的传统文化系列学习，我们相信，学生们的传统文化素养一定能得到极大的提升。

由于有了多元的选择，学生们学习传统文化的主动性与积极性被调动起来，学习的兴趣也高涨，学得也更加积极认真，从而保证了传统文化教育由课内向课外的延伸更具实效，经典诵读的活动也更加常态化、多元化。

三、特色课程讲创新，经典诵读有亮点

在地方与校本课程的基础上，学校可以根据学校情况优中选优，创新开展经典诵读活动，着力建设并打造学校特色课程。

比如我校在"最爱传统文化"课程超市活动基础上，选取学生最感兴趣，也最有利于学生成长的课程定为必修课及社团活动课，花大力气进行打造。我们确定"古诗词诵读"为特色课程，成立了学校特色社团。社团从诵读入手，创造性开展表演、创编、歌诵等活动，取得了良好的效果，学生先后多次在市区经典诵读等比赛中获奖。如不久前我校社团表演的《木兰行军辞》就荣获2017年中小学中华经典诵读大赛珠海市香洲区二等奖。我们还确定"三十六计学与用"为特色课程，组织学生开展讲三十六计、演三十六计、用三十六计等活动，让传统智慧融入孩子的心灵，让孩子们在传统文化的学习中实践、创新、发展，快乐成长。与经典诵读相融合的特色课程，已经逐渐成为我校优秀传统教育课程的特色与亮点。我们计划进一步建设与打造，使其成为学校特色课程的品牌。而这些特色课程的打造，也必将为特色学校的发展打下坚实的基础。

"问渠哪得清如许，为有源头活水来。"为了更好地开展优秀传统文化教育，落实国学经典诵读，学校就必须从课程建设入手，让经典诵读与学校各类课程的建设紧密结合起来，使经典诵读成为学校各类课程的重要内容之一。只

有这样，经典诵读才能真正为学生所接受，在学校生根开花，源远流长。

参考文献

孙双金，崔兴君.国学经典：小学生怎么读［J］.小学教学设计，2013（1）.

国学经典浸润书香校园

——谈国学经典文化学习对"书香校园"建设的有利影响

赵玲丽

苏霍姆林斯基："对周围世界的美感能陶冶学生的情操，使他们变得高尚文雅。"良好的校园文化建设能为学生创造一个更好的学习环境，有利于素质教育的有效开展。由此，"书香校园"建设应运而生。那么如何将这一活动有效地进行开展，使学校的校园文化得到提高，进而影响学生的学习兴趣及学习热情，这要在实践当中不断地进行摸索前进。

所谓经典，是经历史考验并被人类认可的具有普遍价值的典范性作品，是人类文明与智慧的结晶。中国的国学经典是世界文学宝库中一颗璀璨的明珠，传达的思想理念既是中国的，又是世界的，既是传统的，又是现代的，几百年来依然有着巨大的生命力。如果能把国学经典有效地融入到书香校园的建设当中，那对于校园文化内涵的提升无疑能起极大的帮助。

一、学国学经典校园飘书香

近年来，我校把开展中华经典诗文诵读活动，作为增厚学生文化底蕴、建设书香校园、开展语文综合性学习、建设校本课程的一种策略，努力营造积极向上、健康文明的校园文化氛围。

1. 学校引领，全校动员

学校经常全校性地以班会、国旗下讲话的形式向全校学生宣读经典教育的意义，营造国学经典教育的浓厚氛围。同时，放学时的音乐也改成《弟子规》的歌唱版，让孩子们伴着放学的脚步学唱经典，使氛围更为浓厚。

2. 分年段开展特色阅读

全校进行统一布局，根据各年龄段孩子的特点制定相应的必学经典书目。一年级孩子刚进入校园，是学规矩、学纪律的关键时期，所以安排给一年级新生学习的是《弟子规》，让孩子们懂得"泛爱众，而亲仁，有余力，则学文"。对于三年级学生来说，语文的学习进入一个转折期，带领孩子们学习《笠翁对韵》《千字文》让孩子对国学经典有更深入的体会和感受。

3. 利用班级资源学习国学经典

如果说"书香校园"是一个整体，那它的小个体就是一个个"书香班级"。如何建设特色的班级文化，彰显经典特色，这对于"书香校园"的建设起到积极的作用。学校利用班级走廊的墙壁张贴经典的名言名句标语，各班级设计"经典回顾"的版块，定期公布经典背诵的进度，并设定固定时间让孩子们上台与全班同学分享国学经典的学习心得，充分地利用了班级资源，并形成良好的国学经典教育氛围。

二、学国学经典课堂飘书香

教师是课堂的引导者，为更好地使国学经典浸润书香校园，教师这一角色起到非常重要的引导作用。所以，综观全校"书香校园"建设工程，只有培养打造一支高素质、具有国学气质的教师队伍，才能促进这项工程的持续有效开展。

1. 阅读国学经典，帮助教师成长

在充分考虑孩子成长的阶段性特征的基础上，为构建一个理想的教师知识结构模型，从而更有效地解决不同水平与学科的教师分别读什么和怎么读的问题，学校结合实践，开展共读活动，即实行同年级教师共同读一本经典书目，并写读后感，分享读书感悟。老师们可以自由地阐述自己对经典的见解和人生感悟，在共同阅读的过程中成长。

2. 传授国学经典，润泽学生课堂

根据各年级统一布置的国家经典书目，教师通过组织学生晨诵、午读、暮省的实践活动，把国学经典带进课堂，让学国学更本真。晨诵、午读、暮省是一种回归本真的教育方式，在这种反复学习的教育方式中孩子能更多地体悟，感受国学经典文字背后的道理。课堂中还能多种形式地融入国学经典的学习，比如，以经典图画书为辅助材料，引导学习欣赏图画，了解经典故事，利用课堂进行感受分享。集体的学习使孩子们的感受也得到了升华。

三、学国学经典心灵飘书香

国学经典的学习实践，充分利用学生记忆力的黄金时期，利用多种方式调动感官，从而帮助学生全方位感知文本，体会内涵，学生的眼、耳、口、手、心，都受到熏陶，才能使国学经典真正影响学生的学习行为，并潜移默化地浸润学生心灵。

1. 背诵经典，悟其理

大量熟能成诵是学习国学经典的基础，背诵不但可以积累知识，提升学生的人文素养，而且能够提高学生的语言感受能力。长期的背诵还可以渐进地帮助孩子理解、感受中华文化的内涵美，从而给孩子树立正确的人生观、世界观提供积极的帮助作用。

2. 实践经典，行其事

对于国学经典，学校不只是为了让孩子们背诵积累，更重要的是培养他们良好的日常生活习惯，具备基本的道德伦理规范。就中华经典而言，有"富贵不能淫，贫贱不能移，威武不能屈"的人格教育，有"老吾老以及人之老，幼吾幼以及人之幼"的美德教育，有"泛爱众，而亲仁"的为人准则。中华千年的文明源远流长，经典是积淀，也是传承。因此，学生在朗读、背诵这些经典时收获到的不只是其外在的语言，更重要的是通过文学内容，学生建立了对应的情感价值判断。相信经过长期的坚持学习实践，必会慢慢地影响学生的言行举止，最终达到陶冶情操、浸润心灵的目的。

总之，我们都是中华民族的子孙，相信在国学经典文化的浸润下，我们的校园、老师、学生都能更真切地感受到中华文化的魅力，做一个会读经典、爱读经典，身心弥漫书香的校园人。

参考文献

［1］王财贵.儿童经典诵读基本理论［J］.北京教育（普教版），2005（4）.

［2］刘晓东.儿童教育中的南辕北辙——兼评幼儿读经现象［J］.学前教育研究，2002（3）.

家校同步，实现传统礼仪教育双赢

古冬花

礼仪，是人类为维系社会正常生活而要求人们共同遵守的最起码的道德规范，对一个人来说，礼仪是一个人的思想道德水平、文化修养、交际能力的外在表现，对一个社会来说，礼仪是一个国家社会文明程度、道德风尚和生活习惯的反映。少年儿童处在世界观、人生观和理想的形成、发展的关键时期。学校作为礼仪教育的主阵地之一，一直坚持不懈地对学生进行基本道德和行为规范的教育，这也是小学德育内容的重中之重。如珠海市香洲区第十二小学一直倡导的仁爱教育，就是通过实施仁爱教育系列活动，规范学生的言行礼仪，用优秀的传统礼仪文化、仁爱美德浸润学生心灵，引导学生以社会主义核心价值观为行为准绳，学习做人、学会做事。

现代的学校都非常重视学校教育与家庭教育的密切配合，加强了与学生家长的紧密联系。家长们对孩子的教育也更科学、更有效了，但有个别家长关注的重点更多地放在了孩子的学业上。学生走出校门，离开了学校的礼仪教育，家庭礼仪教育是否能同步进行呢？我们家长在对孩子进行家庭礼仪教育的过程中，能发挥言传身教的榜样作用，能与学校同步，很好地进行传统礼仪教育，不仅能培养文明有礼的下一代，也能在这个过程中提高自身的礼仪修养，实现传统礼仪教育双赢。

《中华人民共和国未成年人保护法》明确，父母应当创造良好、和睦的家庭环境，依法履行对未成年人的监护职责和抚养义务。家长，是孩子的第一任老师，而且是终生老师。家长在希望教师把身心全部奉献给孩子的同时，不能自己就当甩手掌柜。在孩子的教育问题上，家长无疑是主体之一，需要发挥主体作用。常言道："身教重于言教。"但不可否认的是，现代家庭的一些家长们在对孩子的教育上，往往更重视学业、才能的提高，更重视言教，而忽视了道德礼仪细节教育，忽视了身教的作用，殊不知，身教效果远胜于言教，渗透于平时生活的点点滴滴中，对孩子的健康成长能有着深远的影响。

儿童教育家孙敬修先生说过：孩子的眼睛是录像机，孩子的耳朵是录音机。是啊，家长的言行举止在孩子的眼里就是范例，家长的一言一行孩子都是看在眼里的，家长就是孩子模仿的主要目标。每一位家长，都是孩子真正的导师和榜样。每当我看到个别家长带着孩子横穿马路，带着孩子乱丢垃圾，带着孩子打尖插队，我总想，只靠学校教育培养孩子的礼仪规范，是完全不够的，孩子们年纪小，规范意识、礼仪行为还没有养成，走出了校门，可能就会把师长的教导抛之脑后了。孩子的教育必须家校配合，共同努力才能达到理想的效果！离开学校教育，家庭教育就要衔接上，而且家长对孩子礼仪上的教导要落实到细处，不只是停留在语言上的督促，或偶尔想起来就说一说。教育无小事，家长想要孩子做到的事情，家长自己要先做到，不让孩子干的事情，家长自己也不能干，才能以正面的能量去引导孩子。教育孩子的根本目标是什么？孩子们需要的又是什么？这是我们每一位家长都必须思考的问题！

有些家长可能会问，那应该怎样去做呢？中国古人认为："道德仁义，非礼不成。"即只有利用礼仪规范才能有效地约束子女的自然行为。中国古人非常强调对子女的礼仪教化，其内容涉及生活的各个方面，主要是对子女的德性培养，认为德性培养应注意点滴积累，所谓"勿以善小而不为，勿以恶小而为之"就是传诵至今的至理名言，重视将美德传给子孙而不是财产。当代中国的家庭正逐渐富裕起来，想让子女成才，不如首先将美德传给子孙。

家庭教育，第一是要注重孩子个人的品德修养的养成，帮助子女理解该做一个怎样的人。教育子女如何做人是中国传统家教最突出的特点，历来视教育子女如何做人为家庭教育主要原则。三国时期政治家诸葛亮临终前，写给他儿子诸葛瞻的家书《诫子书》，是后世历代学子修身立志的名篇，也是家庭教育的优秀指导性教材。文章阐述修身养性、治学做人的深刻道理。从文中"淫慢则不能励精，险躁则不能治性"。"悲守穷庐，将复何及！"可以看出诸葛亮是一位品格高洁的父亲，将一位父亲对儿子的殷殷教导之情表达得非常深切。

第二是率先垂范，从日常的生活点滴中指导具体的礼仪规范，实现家长与孩子共同成长的双赢。自古以来，励志家风是兴家之源泉。首先要营造优秀的家风，让孩子在温馨有爱的环境中长大。例如教导"一粥一饭，当思来之不易；半丝半缕，恒念物力维艰"。"重道德修养，严情操品性；扶正义，斥邪恶。""欲高门第须为善，要好儿孙必读书。""孝道当竭力，忠勇表丹诚；兄弟互相助，慈悲无边境。"……其次，想要孩子成为一个懂礼仪的人，家长从孩子很小的时候就要开始进行培养。从长辈到晚辈一起努力，从家庭的每一种实践活动中入手，细致入微，逐渐培养出孩子自觉的道德主体意识，教导待人接物时应该怎么做……当然，父母对子女的礼仪教化，是在自己也能做到的前提下进行的。家长做不到的，不强迫孩子做；孩子想做的，家长理性地引导孩子。这样，每一位家长极尽所能培养孩子的时候，不知不觉中也培养了自己，提高了个人修养，教学相长，长此以往，可以实现家长与孩子共同成长的双赢效果。

第三是教育孩子学会热爱，有敬畏之心。孟子说："爱人者，人恒爱之；敬人者，人恒敬之。"指爱别人的人，别人也永远爱他；尊敬别人的人，别人也永远尊敬他。外在的行为礼仪在一定程度上能代表人的道德涵养。现代技术高速发展的今天，家庭教育仍要重视培养孩子有一颗"热爱"的心，懂得尊敬他人！爱国！爱家！爱自己！爱他人！让孩子们学会微笑待人、乐于助人。家长带孩子外出，要求孩子遵守规则，不随意给人添麻烦等等。教育孩子经常互换位置来考虑彼此的需要与感受，不把自己的要求强加给别人。少年强，则国强。从下一代人的身上能够看到一个国家的未来。人与人之间多一份温暖，和睦共处，社会环境才会和谐，家长期盼的孩子的幸福指数也会更高。

孩子的知识教育固然要重视，道德的养成则更为重要。理想的道德教育，是不进行直接的灌输和说教，而是注重"教育过程"。不仅学校教育要以德育为首，社会、家庭也要配合学校，加强道德教育，包括礼仪教育，构建"三位一体"的教育体系，多维度地开展系列礼仪教育活动，并在家庭教育中切实地落实，实现传统礼仪教育双赢！中小学生是21世纪社会主义建设的主力军。他们的思想道德和科学文化素质状况，不仅是当前社会文明程度的重要体现之一，而且对我国未来的社会风貌、民族精神有着决定性的影响。从现在起，就让我们学校与家庭同步开展传统礼仪教育，为培养有理想、有道德、有文化、有纪律的一代新人，一起努力吧。

参考文献

[1] 李园园.日本道德教育对中国的启示［J］.新西部（下半月刊），2017（22）.

［2］中华人民共和国教育部.教育部关于加强家庭教育工作的指导意见［EB/OL］.［2018-04-22］.http://www.nwccw.gov.cn/2017-05/23/content_157752.html.

第
二
篇

教育教学篇

第一章 语文教学

第一节 教学设计

《姓氏歌》教学设计

张巧英

【教学目标】

（1）学会"姓""什""双"等7个生字，并且能正确、工整地书写，认识"姓、氏、李"等12个生字和弓字旁、走字旁、金字旁3个偏旁。

（2）正确地诵读《姓氏歌》，了解中国人的传统姓氏文化，培养热爱祖国文化的情感。

【教学重点】

（1）正确地识字、写字，认识三个偏旁。

（2）采用多种方法诵读《姓氏歌》，正确、规范姓氏读法。

【教学难点】

能运用合适的方法，向他人介绍自己的姓氏，对中国的姓氏文化产生兴趣。

【教学过程】

第1课时

（一）激趣导入

（课件出示1：我国经典诗文）

（1）告诉学生《三字经》《百家姓》《弟子规》《千字文》《论语》等是我国的经典诗文，你读过哪一本？（分别请3名同学说一说）

（2）今天，我们就学习和《百家姓》有关的内容。

板书课题，齐读课题。

（二）初读汇报

（课件出示2：《百家姓》）

（1）集体齐读《百家姓》。

（2）说说百家姓里都有哪些姓氏？结合家人、同学和朋友的姓氏说一说，能说多少说多少。（4人小组说一说）

（三）游戏活动

（课件出示3：儿歌）

（1）老师先范读，再让学生自己读一读。

你姓什么？我姓李。什么李？木子李。

他姓什么？他姓张。什么张？弓长张。

古月胡，口天吴。双口吕，言午许。

三横王，草头黄。立早章。双人徐。

耳东陈，禾木程。中国人，百家姓。

（2）指导正音：韵文中"吴、胡""徐、许"读音相近，在有些地区读音容易混淆，读文时可借助拼音帮助读准音。

"姓"为后鼻音，"氏""赵""周"为翘舌音，"孙"是平舌音，要重点正音。

（3）同桌合作读，当同桌的小老师。

（4）全班齐读。（边拍手边读《姓氏歌》）

（四）学习偏旁，写字指导

出示生字田字格课件。（课件出示4）

（1）认读字词，读准字音。

（2）多种方法识记生字。

① 出示同学名字卡，圈一圈同学的姓氏，读一读。

② 出示姓氏卡片，同桌来认一认，说说谁的姓名里藏有这个姓氏。

③ 做"拼一拼"的游戏。学生用打乱的部件拼成生字。如将"弓"和"长"拼成"张"。

④ 可以结合生活积累认读"姓氏、张开、花钱、孙子、子孙"等词语。

（3）学习新偏旁。（课件出示5）

认识"弓字旁"和"走字旁""金字旁"，书空笔顺，找出带有这个偏旁的字读一读，知道含有"走字旁"的字多与行走有关，含有"金字旁"的字多与"金属"有关。指导写好偏旁"弓字旁""走字旁""金字旁"。（板书：弓走钅）

（4）指导书写，重点指导"国、姓"。（课件出示6）

"国"，方框要写得方正，上下宽度要相等。"玉"的一竖写在竖中线上，中间一横写在横中线上。

可以回顾"回"字的书写，复习全包围的字"先外后内再封口"的书写顺序。

"姓"左窄右宽。右边"生"字部分第一横写在横中线上，最后一横最长。

在上册学习了"妈"的基础上，巩固女字旁的书写横变短，不要露出头。

（5）记忆生字笔顺，观察生字在田字格中的位置（一看二记三描）。

（6）学生描红书中生字。

（7）教师巡视并提示"写字三个一"：胸离桌子一拳头，眼离桌面一尺高，手离笔尖一寸长。

第2课时

（一）激情导入，明确目标

复习旧知。（课件出示7）

出示生字卡片，请学生认读。

上节课，我们已跟这些生字见过面了，谁来为大家读读这些生字？认读生字，先带拼音读字词，再去掉拼音读字词。同学们，今天我们来继续认识百家姓。

（二）自主学习，尝试练习

（1）说说你知道的百家姓还有哪些？介绍自己知道的姓氏。

① 介绍前，老师先要提出要求。要求同学在介绍时，声音要洪亮，吐字要清楚，面带微笑看着全体同学来介绍。

② 开火车来介绍。

③ 同学评一评，谁介绍得好。

（2）活动总结：同学们，中国的古代传统文化，流传至今。希望同学们在以后的课外阅读中，学到更多的中国传统文化知识。

（3）出示课文。（课件出示8：儿歌）

① 自由读：请小朋友们借助拼音，自由读一读儿歌，比一比，看谁能把字音读正确。

② 合作读：第一节的前4行，可以安排师生、男女生、同桌间互相问答着读一读。后几句，可让学生拍着手读一读，增加朗读时的韵律感。

（三）合作分享，反馈点拨

（1）小组合作学习。儿歌中，哪些字的读音不容易发准，要注意的，四人小组互相说一说，再一块儿读一读。

（2）指导朗读儿歌。指名读，相机正音。

开火车读，齐读。

（3）说一说，这些姓氏中，哪些是你熟悉的，或是比较了解的，能向同学们说说就好了。

（4）指导读儿歌。

① 请小朋友们一节一节地读一读。

② 师范读。听了老师的朗读有什么感觉？

③ 学习第一节，了解姓氏：木子李，弓长张，古月胡，口天吴，双人徐，言午许。

教师讲张氏背后的故事。

（课件出示9）在很久远的过去，皇帝的第五个儿子，挥很聪明，喜好狩猎，发明了弓箭，被任命为弓正，赐姓张。此外，晋国大夫解张，字张侯，他的子孙也称为张氏。

（课件出示10）张姓氏的名人有：西汉大臣张良、东汉科学家张衡、书法家张芝和著名医学家张仲。

（课件出示11）著名的《清明上河图》就是北宋画家张择端的伟大作品，还有现代国民党爱国将领张学良等。

（5）学习第二节，认识百家姓中复姓：诸葛、东方、欧阳等。

（课件出示12：复姓词语图片）（板书：复姓）

复姓：由两个及以上的汉字组成的姓氏。如欧阳、司马等。复姓的来源较多，例如官名、封邑、职业等，有些则源于少数民族改姓。

这些复姓的名人有：司马光、诸葛亮、欧阳修等。

自己再轻声读读全文，谁想读给大家听？指名读，及时表扬读得好的学生。（注意不拖音）

（四）归纳总结，拓展延伸

（1）课文中告诉我们的几种介绍姓氏的方法？

回顾课文，了解两种介绍姓氏的方法：

本课中出现了分解部件（如木子李）和称说偏旁（如双人徐）介绍姓氏的方法。

（2）我们还可以用组词法介绍自己的姓氏。

例如"钱"：

你姓什么？我姓钱。

什么钱？金钱的钱。

很多姓氏，可以引导学生灵活地运用多种方式介绍，不拘泥一种。

（五）综合实践、课外拓展

把你知道的姓氏，仿照儿歌的形式说一说。

（六）资源共享

（1）姓氏，标示一个人的家族血缘关系的标志和符号。同一个祖先繁衍的后代称为宗族。姓氏最早起源于部落的名称或部落首领的名字。它的作用主要是便于辨别部落中不同氏族的后代，便于不同氏族之间的通婚。因此姓氏的产生，标志着从群婚制到以血缘关系的婚姻制的转变，是人类文明进步的一个重要里程碑。姓产生后，世代相传，一般不会更改，比较稳定，而氏则随着封邑、官职的改变而改变，因此会有一个人的后代有几个氏或父子两代不同氏。姓氏与人名一起构成了一个人的姓名。

（2）姓氏的分类。中华姓氏，分为两大类：

① 单姓：只用一个字的姓。与复姓相对。如：王、李、张、刘、陈、智、杨、黄、赵、周、吴、徐、孙、马、胡、朱、郭、何、罗、高、林。

据统计，中国有单姓6931个。

② 复姓：指由两个及以上的汉字组成的姓氏。如：欧阳、司马、上官、西门。复姓的来源较多，如官名、封邑、职业等，有些则源于少数民族改姓。

《中国姓氏大辞典》显示，中国古今各民族用汉字记录的双字姓9012个、三字姓4850个、四字姓2276个、五字姓541个、六字姓142个、七字姓39个、八字姓14个、九字姓7个（分别为西木感给特杜立给特、西木萨给特杜立给特、西姆萨给特杜立给特、那乌那基尔杜立给特、秃秃黑里兀惕塔塔儿、乌朗汉吉尔莫吉尔敏、奥勒特给特玛鲁基尔）、十字姓1个（即伙尔川扎木苏他尔只多）。

【板书设计】

单姓赵、钱、孙、李、周、吴、郑、王

姓氏歌

复姓诸葛、东方、上官、欧阳

"趣联巧对"教学设计

唐　琼

【教学内容】

人教2001课标版四年级下册第八组语文园地"趣味语文"之"趣联巧对"。

【教学目标】

（1）读通读懂两个小故事，正确朗读并背诵故事中出现的两副对联。

（2）通过读故事、品对联，学习了解顶真联和数字联的特点。明白善于观察和积累，才能写出好作品。

（3）提高学生语文学习的兴趣，培养学生对对联的了解和喜爱，培养对祖国传统文化的热爱之情。

【教学重难点】

（1）通过读故事、品对联，学习了解顶真联和数字联的特点。明白善于观察和积累，才能写出好作品。

（2）提高学生语文学习的兴趣，培养学生对对联的了解和喜爱，培养对祖国传统文化的热爱之情。

【教学过程】

（一）巧激趣，快乐复习

（1）看《还珠格格》有关对对子的视频，激发学生对对子的兴趣。

（2）复习对联知识，引导背诵三年级学生学习积累过的《对子歌》。

（3）与学生玩对对子游戏，相机复习归纳对联的特点：

（副板书）字数相等、词性相对、对仗工整……

（二）品趣巧，习得新知

1. 小组合作学习

明确学习要求：

（1）自读故事，读通读懂故事。

（2）画出故事中出现的对联，试着弄懂对联意思，并说其趣、巧之处。

（3）想想故事中的人物为什么能对出这么趣、巧的对联？

2. 交流学习成果

（1）学第一个故事，品顶真联之巧。

①出示第一个小故事，指名朗读。

②你找到故事中的对联了吗？（课件出示对联）

　　　　水　车　车　水，水　随　车，车　停　水　止。

　　　　　　shàn shān　　　　　　　　shàn shàn

　　　　风　扇　扇　风，风　出　扇，扇　动　风　生。

师：谁来读一读。相机指导学生读准多音字，读准节奏。

师：对联的意思你们能明白吗？这副对联有何有趣、巧妙之处？

（对仗工整，运用了回文的方式；运用了顶真修辞手法）

③ 师顺势介绍顶真联。顶真，也称"顶针""联珠""蝉联"，是对联的一种修辞手法。顶真联的特点是用联语中前一句的末字（词）作为后一句的起字（词），句子首尾相连，上递下接，环环相扣，读来令人拍手叫绝。

师：你觉得这副对联写得怎样？文中是怎样评价的？（板书：顶真联巧）

师：故事中的祝枝山和唐伯虎，为什么能如此巧妙地出上联、对下联呢？（板书：观察所得）

④ 补充欣赏顶真联：

a. 欣赏祝枝山的另一副顶真联，发现顶真方式的不同（故事中是字顶真、这是词顶真）。并再次感受，只要做生活的有心人，留心观察，就能写出妙联。就如古人所说"文章本天成，妙手偶得之"。

　　　　　　鸡罩罩鸡鸡罩破，罩破鸡飞。

　　　　　　马笼笼马马笼松，笼松马走。

b. 欣赏两副不同形式的顶真联，巩固顶真知识。

　　　　　　山羊上山，山碰山羊角。

　　　　　　水牛下水，水没水牛腰。

　　　　　年年喜鹊衔红梅，红梅吐芳映红日。

　　　　　岁岁捷报入春联，春联含笑迎春风。

（2）学第二个故事，品数字联之妙。

① 出示第二个小故事，指名朗读。

② 找到故事中的对联了吗？（课件出示对联）

　　　　　　花甲重逢，增加三七岁月，

　　　　　　古稀双庆，更多一度春秋。

师：指名读。相机指导学生读准多音字，读好节奏。

师：这副对联你们能读懂吗？它有何趣、巧之处？

（古代词汇古稀、花甲巧用；运用了许多数字入联）

③师顺势介绍数字联：

数字联，即在对联中嵌入数字，使数量词在对联中具有特殊的意义，也能产生妙趣横生、耐人寻味的艺术效果，启迪人们的思维智慧，激发人们的兴趣爱好。

师：你觉得这副对联写得怎样？文中是怎样评价的？

（板书：数字联妙）

故事中的乾隆与纪晓岚，为什么能巧妙地出上联、对下联，也是观察所得吗？

（板书：积累而来）

④补充欣赏数字联：欣赏两副不同形式的数字联，感受数字联巧妙之处。

北斗七星，水底连天十四点。

南楼孤雁，月中带影一双飞。

上联：二三四五

下联：六七八九

横批：南北

意思：缺一（衣）少十（食）没有东西

3. 总结对联特点

师：同学们，今天我们读了两个有趣的对联故事，学习了两副对联，知道了：（指板书，引读板书形成的对联）

顶真联巧，观察所得

数字联妙，积累而来

希望同学们都做生活的有心人，多观察、多积累，以后一定也能写出好文章。

4. 背诵积累

故事中的这两副趣联巧对，让我们也积累下来，试着背一背吧！

学生试背。指名背诵积累。

（三）巧思考，巩固运用

师：纪晓岚的趣联巧对的故事还有很多，老师就知道两个。不过这两个故事里的对联不完整，要请同学们帮忙补全，大家愿意帮这个忙吗？

读故事，引导学生分别完成下面顶真联、数字联的补充，巩固所学对联知识，感受趣联巧对之妙：

口十心思，思妻、思子、思父母。

言身寸__，__天、__地、__君王。

双塔隐隐，七层四面八方。

孤掌摇摇，五指_____。

师：看来同学们顶真联和数字联学得不错。老师听说，有人在网上出了个下联，想征求上联。有许多人应对，请大家帮忙看看，你觉得哪个上联更好，为什么？

大爱，小爱，大家爱，爱传万家。

师：大家说得不错！对对联多有意思，我们大家都得好好学习这一传统文化。老师试着作了一个上联，与大家共勉：你学，我学，师生学，学贯千载。

（四）趣留白，回味拓展

你课外收集到这样有趣的对联故事吗？谁来讲一讲。

（学生讲自己课外收集的对联故事）

老师也收集了两个有趣的对联故事，想听吗？

（补充解缙和王羲之的对联故事，再次感受趣联巧对之奇妙）

同学们，趣联巧对的故事还很多，在《对联故事》这本书里就收集了120个这样的故事，有兴趣的同学，课外好好地去读一读吧。

中华传统文化源远流长，丰富多彩。除了对联故事，还有成语故事、诗词故事、寓言故事等等，希望大家多阅读，多了解我国的优秀传统文化。

老师想将苏轼的一副对联送给大家（出示）："立志识遍天下字，发奋读尽人间书。"希望同学们以此联勉励自己，好好学习、多读书，多去感受我国传统文化的博大精深。

同学们，苏轼的这副对联，其实也是有故事的哟！对联原来是这样的："识遍天下字，读尽人间书。"后来却在上下联各加了两个字，为什么呢？请

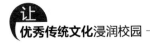

大家自己去寻找答案吧！传统文化多奇妙，希望大家都爱上我们的传统文化，努力"传华夏文化，通古今未来"。

【板书设计】

趣联巧对

顶真联巧，观察所得

数字联妙，积累而来

字数相等
词性相对
对仗工整
……

"记一次（　　）小试验"
——习作反馈与修改

徐　波

【教学内容】

沪教课标版小学语文四年级下册习作五："记一次（　　）小试验"——习作反馈与修改。

【教学目标】

（1）明确本次习作的目的，了解本次习作的评价标准。

（2）通过本次"记一次立蛋小试验"习作反馈，增强学生的表达、倾听和乐于与他人分享、沟通的能力。

（3）学会欣赏自己和他人的习作，表达自己的独特见解。

（4）能根据评价标准，对习作"记一次立蛋小试验"进行赏评、修改，在交流中悟得习作之法、修改之法，提高习作能力。

（5）体会中国传统节日——春分立蛋的乐趣。

【教学重难点】

学会欣赏自己和他人的习作，学会抓住一个"立蛋"具体的场面进行描写，根据评价标准修改自己的习作。

【教学过程】

（一）引入课题，明确标准

师：今天，我们这节课进行习作反馈与修改，针对"记一次（　　）小试验"这篇习作。我们传统节日——春分做了一个什么小试验？请你说。

生：立蛋

师：对的，就是立蛋。二十四节气是古代时期，人们为了指导生活和工作所制定的一系列历法。其中，春分节气是二十四节气之一，春分节气的风俗：进行春祭、竖蛋。

出示PPT（课题：记一次立蛋小试验）

板书：立蛋（补充课题：记一次立蛋小试验）

师：我们本次做"立蛋"小试验的目的是什么？请你说

预设：

生：本次"立蛋"小试验的目的是要验证，不在春分时是不是也能立蛋。

师：本节课，我们这次"立蛋"小试验的习作，根据习作评价标准进行第一模块"我来评一评习作"（如表2-1）

表2-1

评价标准	A	B	C
（1）"概括—具体—概括"的结构，所概括的内容准确、简洁			
（2）具体描述一个场面，条理清晰，抓住人物的语言、动作、心理活动等细节描写			
（3）语言流畅，没有病句，书写工整，没有错别字			

全班同学齐读"习作评价标准"。

（二）第一模块：我来评一评习作

1. 分享第一个学生的习作

第一个学生朗读自己的习作并谈谈最欣赏自己习作中哪些地方（PPT展示习作），其他同学倾听。

师：同学们，你们欣赏他的习作中哪些地方，你会给他提什么建议？

学生根据评价标准，各抒己见。

预设：

学生：习作中描述第一次"立蛋"失败的场景写得很具体。

学生：从"聚精会神"一词，看得出他很专注，善于运用四字词语。

学生：语句不够通顺。

学生：指导书写"摩擦"（备注：同学习作这一处是不会填写的）。

学生：结尾概括不够准确具体。

……

分享习作的学生感谢同学们给他的习作提出建议。

教师小结，感谢你分享习作。

2. 分享第二个学生的习作

第二个学生朗读自己的习作并谈谈最欣赏自己习作中哪些地方（PPT展示习作），其他同学倾听。

师：同学们，你们欣赏他的习作中哪些地方，你会给他提什么建议？

学生根据评价标准，各抒己见。

预设：

学生：根据评价标准的第一点做到"概括—具体—概括"的结构，所概括的内容准确、简洁。

学生：语句要简洁，不要太啰唆。例如：习作中心中默念数数的语句，要更加简洁些。

学生：修改开篇"今天"改成"5月15日"（备注：老师是5月15日布置"立蛋"小试验的）只有日记当中才会出现"今天"

学生：调整文章的语序，使文章更有条理性。

……

教师适时以评价者的身份对第二个学生的习作进行点评。

第二个学生感谢老师和同学们给他的习作提出建议。

教师小结，感谢第二个学生分享习作。

3. 再现"立蛋"场景

邀请一个同学当"模特"，再现"立蛋"场景。

指名说说描写"立蛋"场景，要抓住哪些细节进行具体描写。

教师小结：本次习作中要写好"立蛋"这个场景很重要，要关注到动作描写、语言描写、神态描写、心理描写，把这些都写好了，习作会更丰富，更吸引读者阅读你的习作。

4. 展示优秀习作

第三个学生朗读自己的习作（PPT展示习作），其他同学倾听。

师：同学们，你们欣赏他的习作哪些地方？

学生根据评价标准，各抒己见。

预设：

学生：欣赏习作的结构完整，首尾呼应。

学生：善于运用修辞手法，使习作中的语句生动、活泼。

学生：能抓住"立蛋"这一场景的细节，如：动作、语言、神态、心理的细节展开叙述。

……

第三个学生感谢同学们对他的习作的赞赏。

教师小结，感谢第三个学生分享习作。

（三）第二模块：我来改一改习作

师：根据习作的评价标准，和同学们提出的建议，咱们一起来修改一下自己的习作吧？

学生修改自己的习作。

设计意图："纸上得来终觉浅，绝知此事要躬行。"从同学习作的结构，细节描写等得出了修改本次习作的要领，为学生内化修改点明方向，学生下笔修改习作就如有神啦！

（四）第三模块：展示修改习作

邀请学生展示根据评价标准修改后的习作，并说说修改的原因。

（五）谈谈收获，总结本课

（1）学生谈谈本节课收获。

（2）教师总结：好文章是改出来的，只有在千锤百炼中才能出好文章。通过本次的习作评价和反馈，我相信同学们一定有所获，一定能通过你自己的笔墨将春分立蛋的这个传统习俗传承和弘扬，让更多的朋友了解中国有趣的传统习俗。课后大家就再好好修改一下自己的习作吧！下课。

【板书设计】

记一次 立蛋 小试验

《渔歌子》教学设计

叶秋菊

【教学目标】

（1）能正确、流利、有感情地朗读全词，感受语言文字的音韵美。

（2）通过朗读想象、联想感受词的意境美。

（3）结合资料，进一步感受词人不与官场同流合污，自得其乐的高洁情怀。

【教学过程】

（一）温故知新，揭题知意

1. 出示几幅画，学生看图猜诗

每一幅画中都藏着一首学过的诗，你们能猜出是哪一首吗？

（《小儿垂钓》《江雪》）

2. 设疑揭题，读题知意

蓬头小儿的鱼钩钓起的是满心的期待与快乐，柳宗元的鱼钩钓起的是满江的凄清与孤寂，唐朝词人张志和的鱼钩钓起的又是什么呢？这节课，我们一起学习一首词，齐读课题《渔歌子》。

"渔歌子"是什么？（词牌名）

（二）词读百遍，其义自见

1. 正词音

（1）学生练读《渔歌子》，注意读准字音。课件出示全词。

（2）指名读（3—5名学生），师生评价。

（3）了解多音字和不懂的字词。

预设："西塞山"的"塞"是多音字，念sài，"白鹭"是一种鸟，鹭字上声下形；"鳜鱼"是一种肥美的鱼，"箬笠""蓑衣"都是雨具，其中，箬笠是竹子做的，所以是竹字头，蓑衣是草编的，所以是草字头。

男女生齐读。

2. 读节奏

（1）师生合作读词。生读前面四个字，师读后面三个字，然后再调换读。

（2）播放诵读录音，学生感受古人读词的节奏。

（3）学生用自己喜欢的方式读词。

3. 想词境

（1）学生谈读词后感受。

预设：清新、自然、悠闲、优美。

（2）师补充资料，学生想象词句描绘的画面。

词人张志和"博学多才，歌、词、诗、画俱佳。唐代书法家颜真卿夸奖他"词中有画，画中有词"。中国有个成语：如诗如画。好的诗词，读了让人感觉眼前有一幅画。如果让你选一句你最喜欢的词句，根据它画一幅画，你会选哪句，画什么？师配乐读《渔歌子》，学生边听边想象。

（3）指生回答。

预设1：

会画西塞山、白鹭。

师点拨：怎样的西塞山、白鹭？

预设2：

会画桃花流水。

师点拨：你看到了怎样的桃花，怎样的流水？……

（4）师小结，生再读词句。

（5）播放配乐唱词录音，师生同唱。

（词是可以配乐唱的。画面如此之美，身在其中，让我们一起放声歌唱吧！）

4. 明词意

（1）学生小组合作解词意。

（2）派代表说词意，学生补充，教师点拨。

（3）词句与译文对读。

（4）再读词句。

（三）知人论词，熟读成诵

1. 品读"斜风细雨不须归"

（1）词中这句道出了词人怎样的心境呢？（板书：不须归）

（2）学生说"不须归"的意思。

（3）探究"不须归"缘由。

预设1：被眼前的美景所吸引。

是的，看着这绵延翠绿的西塞山、自由飞翔的白鹭，他自然觉得——不须归

粉红的桃花、碧绿的流水、肥美的鳜鱼也让他觉得——不须归

这优美、清新如画的风景更让他觉得——不须归

（板书：景美不舍归）

预设2：借助资料，更深一层体会"不须归"之意。

师：透过画面的背后，还有原因让作者不想回去，你们知道吗？

出示张志和资料：张志和，博学能文，被皇帝欣赏，赐名志和。后来因为某件事情得罪皇帝，获罪被贬，从此再也不想做官了。后来皇帝派人让他重返朝廷，可他却不想回去了。他告别亲朋好友，游历山水，来到西塞山隐居，自号"烟波钓徒"。

师讲述张志和被贬的故事，学生思考"不须归"的原因。（厌恶官场、朝廷）

预设3：结合史料，体会"不须归"之隐义。

学生读课件上的资料：据颜真卿记载，张志和的鱼钩是直钩，没有鱼饵。志不在鱼而在钓。

（以此使学生知道张志和这样钓鱼是钓不到鱼的）

补充资料：历史上，还有一个非常有名的垂钓者，也用直钩，是谁？（姜

太公）引出：姜太公钓鱼——愿者上钩。那么你们知道他在钓什么吗？（钓周文王的赏识，钓锦绣前程）

激疑：张志和既不钓鳜鱼，又不钓前程，那他是想钓什么呢？（风景、心情……）

学生说说是怎样的心情。（悠闲、自在）

师以《唐书·张志和传》（志和居江湖，自称烟波钓徒，每垂钓，不设饵，志不在鱼也）小结：是啊，张志和垂钓，钓的正是清闲、自在。

目之所及，皆是美景，所以他说——不须归

远离朝廷，淡泊宁静，难怪他说——不须归

身心愉悦，悠闲自在，让他更加觉得——不须归

（板书：心悦不愿归）

师小结：原来，美景背后那个悠闲垂钓不舍归的身影，正是张志和不与官场同流合污，自得其乐的高洁情怀的体现啊！

2. 学生配乐诵读

（一曲《渔歌子》，一幅忘归图。让我们用诵读致敬它的魅力吧）课件出示竖行排列的词句，感受古词的形式美。

（四）拓展训练，腹有诗书

（1）出示张志和《渔歌子》其二至其五，学生朗读。

（2）作业训练：把词改写成小故事；给词配画；配乐唱词（学生自选2项完成）。

（3）推荐阅读《小学生必背古诗词75首》。

【板书设计】

渔歌子

唐·张志和

景美不舍归

不须归

心悦不愿归

"姥姥的剪纸"教学设计

张　莉

【教学目标】

（1）能正确、流利、有感情地朗读课文。

（2）凭借具体的语言材料感受姥姥的心灵手巧、勤劳善良和对"我"浓浓的亲情，感悟作者字里行间流露出的对姥姥的深情思念。

【教学重点】

凭借具体的语言材料感受姥姥的心灵手巧、勤劳善良和对"我"浓浓的亲情。

【教学难点】

感悟作者字里行间流露出的对姥姥的深情思念，学会感恩。

【教学过程】

1. 谈话导入

由"姥姥"这个称呼引入。

出示课题，齐读课题。

2. 初读课文，检查自学，理清课文

学生自读课文，要求读准字音，读通句子。思考：围绕剪纸，作者回忆了他和姥姥的哪些往事？

回顾课文，说一说你的脑海里闪现了作者与姥姥的哪些生活画面？

3. 把课文读成一句话

快速浏览课文，找出哪一句话最能够表达作者对剪纸有声有色的心境与梦境？

无论何时，无论何地，只要忆及那清清爽爽的剪纸声，我的心境与梦境就立刻变得有声有色。

重点释词"有声有色"。板书。

过渡：这些剪纸到底具有怎样的魔力呢？到课文的字里行间中去感受一番。

4. 感受姥姥剪纸的高超技艺

引入第一段，学生自由读。抠一个字"都"，让学生读出骄傲、自豪。

引入乡亲们夸赞姥姥的话。引导学生练习说话。

品读、体会、感悟。

感受姥姥给我剪"喜鹊登枝"的故事，感受姥姥剪纸技艺的高超。抠一个词"熟能生巧"。

5. 舐犊情深

在"牛驮小兔"等关于牛、兔主题的窗花处，抠一个字"拴"。

先让学生自由说说体会，然后由下面这句话切入：

密云多雨的盛夏，姥姥怕我溜到河里游泳出危险，便用剪纸把我拴在屋檐下。

这看似平淡的一句话，你认为哪一个字用得很传神？（拴）

课文中是说什么拴住了什么？姥姥的剪纸到底有什么神奇的功能，牢牢地拴住了上学前的我呢？请同学到字里行间中去找答案。读后组织交流。

师生表演读描写祖孙俩剪"牛驮小兔"窗花的文字，体会"拴"的神奇魅力。

6. 笑源的心梦之境

（1）后来我越走越远了，姥姥的剪纸还拴得住我吗？

我还是不断收到姥姥寄来的剪纸，其中有一幅是这样的：一头老牛定定地站着，出神地望着一只欢蹦着远去的小兔子，联结它们的是一片开阔的草地。我知道，这是姥姥对我的期待。事实上，我不管走多远，走多久，梦中总不时映现家乡的窗花和村路两侧的四季田野。无论何时，无论何地，只要忆及那清清爽爽的剪纸声，我的心境与梦境就立刻变得有声有色。

——齐读上一段话。再读这段话中描写剪纸的文字。让学生给这幅剪纸取个名儿。

——姥姥的剪纸还将拴我多久？拴住的其实是我的什么？（心梦）

（2）拓展小练笔。

（3）回到作者的心上，你认为姥姥的剪纸拴住的是一颗什么之心？（思念之心、依恋之心、怀旧之心、感恩之心……）最后全课在《感恩的心》音乐中结束。

【板书设计】

姥姥的剪纸

心

有声有色

梦

"中国美食"（第1课时）教学设计

龙舒华

【教学目标】

1. 知识与技能

认识16个字，会写4个字。认识多音字"炸"。初步学习画智慧树的识字方法。

2. 过程与方法

能发现偏旁"火"和"灬"的联系。了解智慧树的构成。

3. 情感态度与价值观

能从美食中感受中国特有的饮食文化，升华学生热爱祖国的情感。通过学习画智慧树的识字方法，提高识字兴趣。

【教学重难点】

认识16个字，会写4个字。发现偏旁"火"和"灬"的联系。小组合作完成智慧树"记字方法"部分。

【教学过程】

（一）图片导入来激趣

师：今天我给大家带来了一棵树，这棵树可不简单，它是一棵有智慧的树。这节课，我们一起通过学习和思考，获取智慧的养分，帮助它长成一棵智慧树吧！（贴标题：智慧树）

师：智慧树的成长需要养分，人的成长需要食物，看老师准备了什么？（出示美食图片）

师：这么多好吃的，香味仿佛要溢出来了，吃起来一定很美味，在生活中，我们把美味可口的食物叫作"美食"。今天我们一起学习识字，请齐读课题。课文里介绍了哪些中国美食呢？请打开书本35页，一起认识一下吧。（出示课题：中国美食）

（二）汉字宝宝认一认

1. 自由读

师：请同学们自由读读美食的名字。要求读准字音。（手捧书本自由读）

2. 识字三个宝

师：同学们读得很认真！今天要认识的字也不少呢！你们知道吗？识字有三个宝，分别是"音、形、义"，我们的智慧树也可以从这三个方面去获取智慧的养分。

3. 指导读准字音

师：老师先从读音上考考你们。请一位小老师来带读第一行词语。

（三位小老师领读）

师：小老师和同学的表现都很不错。

师：在这些词语里藏着轻声字，轻声要读得轻而短，谁能来准确读一读？（出示三个轻声词）

（指生读）

师：你读得真准确，全班一起来读读吧！

师：你们在读轻声这一关表现真棒，智慧树开始长出智慧的果子了。

（贴填智慧树，轻声词：蘑菇、茄子、豆腐）

师：孩子们，在这些字里还藏着一个多音字呢！谁能找出来？（指生说）

师：你的眼睛真亮！这个蓝色的"炸"字是一个多音字。在这个词语里读第二声，炸酱面，它还有一个读音是第四声。多音字要据义定音，根据意思确定读音。（出示图片讲解多音字，指生组词）

师：孩子们，我们又从读音上获取了多音字的智慧，智慧树的果子越长越多了。（贴智慧树：多音字）

师：正确的读音我们知道了，这会儿要加点难度，看谁能读出美味的感觉，老师想听听男生和女生谁读得更好，来比比赛吧！

4. 识记字形

师：大家读得真好听，看来读音上都掌握得很不错，现在我们从字形上考考大家。请看这些字。（出示草字头的字，指生读一读）

师：谁发现了它们的共同点？你知道草字头的字都和什么有点关系吗？草字头的字大多和植物有关。

师：我们知道了这些字都有一个相同的偏旁是草字头，这个偏旁说明这些字的意思和植物有关。我们再来分别看看这些字剩下的偏旁，孩子们，轻声读一读这些偏旁和这个字的读音，你发现了什么？

（指生说一说：读音相同或相近）

师：孩子们，回想我们学过的知识，像这样，一个偏旁表示字的意思，另一个偏旁表示字的读音，这样两个偏旁合起来的字，叫作形声字。表示意思的偏旁叫形旁，表示读音的偏旁叫声旁。在这节课里，像这样的形声字，还有很多呢！老师给大家一个任务，翻开书本36页看到蓝色通道的字，观察哪些字是形声字，和同桌说一说分别是哪个形旁加哪个声旁呢？完成小组智慧树。

（先指生汇报形声字，再贴一贴形旁和声旁）

师：通过孩子们的合作学习，智慧树的果子越来越多。一起来读读智慧的果实吧！（出示形旁+声旁=形声字）

师：孩子们，形声字不光有趣，作用还大着呢！它可以帮助我们记忆生字，从形旁可以联想字的意思，从声旁可以猜测字的读音，像这样的记字方式，我们可以把它叫作形声字记忆法。

师：孩子们，老师知道你们已经认识不少字了！那你们平时除了可以用形声字记忆法来记字，还会用哪些方法来记忆生字呢？你能举个例子吗？

（指生说，师补充：常用的记字方法还有：熟字加一加、减一减、换一换、猜字谜等）

师：你们真是充满智慧的孩子！课后，你们还可以把这些方法整理一下，放到你们的智慧树上哦！

师：在这节课的生字里，老师发现，带有这两个偏旁的字可不少呢！谁能帮忙找出来？（指生说）这些都是一些什么字呢？它们的意思和什么有关呢？老师准备了两段视频，同学们仔细看看，思考一下。（播放视频，指生回答）

师：孩子们，制作一份美食光是用到火的就有这么多的制作方法，看来我们中国的美食文化和汉字文化同样丰富多彩。

5. 出示"生字大闯关"

师：你们看，智慧树越长越有智慧了，现在我要提高难度了。这节课的生字都自己跑出来了，你们还会认吗？

（开火车认读生字）

（三）争当小小书法家

师：你们的表现真棒！这些字我们认识了，那能不能写好呢？下面我们来一个"争当小小书法家"的比赛。这课的生字有9个，本节课我们学习其中的4个。

（1）出示田字格中的生字：鸡、肉、烤、烧。

（2）师：请同学们仔细观察生字宝宝，谁来告诉我写这些字的时候要注意什么？

①说一说字形特点。

（左右结构的都是左窄右宽，还有一个独体字）

②交流偏旁发生了什么变化。

（捺变点：火——烧、烤，又——鸡、肉）

③指导书写。

（3）学生练写，个别指导。

师：现在请同学们一展身手吧！注意：写字的时候姿势要端正，看看谁写得既工整又美观。

（4）作业展示，评价反馈。

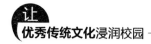

（四）茁壮成长智慧树

师：同学们的聪明才智让智慧树茁壮成长，借助音、形、义这三个帮手，我们理清了轻声、多音字，学会了形声字等记字方法，这就是一棵会学习的智慧树了。同学们，开动脑筋，你们还能给智慧树再多添几片叶子吗？还能给它添上哪些叶子呢？

（指生分享，师补充：区分平翘舌、前后鼻、生字组词、难写的字等）

师：好了，亲爱的同学们，今天的课就到这儿，请你们在课后把智慧树补充完整，希望在以后的识字学习中，你们能画出更多更丰富的智慧树。下课！

"古诗文阅读之咏史诗"教学设计

张文苑

【教学目标】

（1）通过品读，初步认识咏史诗的主旨及艺术手法。
（2）初步掌握鉴赏古典诗歌的能力。
（3）从作品中提炼写作方法，训练学生以读促写的能力。

【教学重点】

让学生能够通过文学作品去了解所反映时代的社会生活，从诗句中感受中华民族生生不息的精神。

【教学难点】

让学生汲取古诗文的精华，得到古诗词的浸润，从而丰富自己的语言，达到思维和能力上的"质"的提升。

【教学过程】

（一）品读欣赏前三首诗歌

让学生通过自己课前的预习，汇报总结。

（1）咏史诗的基本知识。咏史诗是我国古代诗歌中重要的一类，是以历史为客体来抒写主体情志的诗歌。咏史诗大多针对具体的历史事件或历史人物有所感慨或有所感悟而作。咏史诗发端于秦汉时期，而唐代是咏史诗创作成熟与繁荣期。"咏史"就是翻阅古书，拾点旧说，针对特定的人或事，可能是针对一个历史事件，可能是针对一个历史人物，借此抒发作者的思考、态度、情怀或讽刺时政，从而抒发自己的独到见地。咏史诗常于议论精辟，不一定要写景，不一定表现现在的时空场景。

（2）重点以学习《马嵬》来感受咏史诗的艺术特点。此诗借唐朝杨贵妃事件启发世人记取唐玄宗沉迷情色，荒废朝政，致使国家陷于动荡、人民饱受战乱之苦的历史悲剧。"后人哀之而不鉴之，亦使后人而复哀后人也"，牢记"生于忧患死于安乐"。

（3）《左迁至蓝关示侄孙湘》是唐代文学家韩愈在贬谪潮州途中创作的一首七律。此诗抒发了作者内心郁愤以及前途未卜的感伤情绪。全诗叙事、写景、抒情融合为一，诗味浓郁，诗意盎然。

（二）比较阅读《题临安邸》

（1）《题临安邸》是宋代诗人林升创作的一首七绝。此诗第一句点出临安城青山重重叠叠、楼台鳞次栉比的特征，第二句用反问语气点出西湖边轻歌曼舞无休无止。后两句以讽刺的语言写出当政者纵情声色，并通过"杭州"与"汴州"的对照，不露声色地揭露了"游人们"的腐朽本质，也由此表现出作者对当政者不思收复失地的愤激以及对国家命运的担忧。全诗构思巧妙，措词精当，冷言冷语地讽刺，偏从热闹的场面写起；愤慨已极，却不作谩骂之语，确实是讽喻诗中的杰作。

（2）《游园不值》这首七言绝句，描写了作者游园不成，红杏出墙的动人情景。不但表现了春天有着不能压抑的生机，而且流露出作者对春天的喜爱之情。

诗句描写出田园风光的幽静安逸、舒适惬意。这首诗还告诉我们一个道理：一切美好、充满生命的新鲜事物，必须按照客观规律发展，任何外力都无法阻挡。

（三）指导朗读，练习背诵

略

（四）选择一首，诗配画

20分钟创作。交流展示。

（五）总结

诗歌具有强大的生命力，植根于中华文明，它需要我们读出音韵之美，感受意蕴之美，悟出情感之美。

【板书设计】

咏史诗——春色满园关不住

《蜀国偶题》《马嵬》《左迁至蓝关示侄孙湘》

《题临安邸》《游园不值》

《苔》教学设计

肖粉玲

【教学目标】

（1）正确、流利、有感情地朗读古诗，背诵古诗。

（2）理解诗的内容，了解苔的特点。

（3）体会诗中的哲理，感悟积极、自信的人生态度。

【教学重点】

（1）流利朗读古诗，读出节奏和韵律美。

（2）理解古诗内容，体会诗中的哲理。

【教学过程】

1. 导入

（1）出示课题，解题。

（2）介绍诗人袁枚。

2. 读诗

（1）自由朗读古诗，圈出不理解的地方。

（2）指名朗读，正音。

（3）质疑，答疑。

（4）全班齐读。

3. 品诗

读诗，想想诗中的苔有什么特点？（生命力旺盛）

哪句诗让你感受到苔的特点？（白日不到处，青春恰自来）

师生一起交流："白日不到处，青春恰自来"是什么意思？诗句中的"青春"是什么意思？与我们现在的青春意思一样吗？

（图片出示苔）看看苔都长在什么地方？

了解了苔的生长环境，读了诗句后，你有什么感受？

虽然苔长在太阳照不到的地方，但是_____。

苔的青春从哪里来？（恰自来：自己让自己充满了勃勃生机）

师生引读：白日不到处——青春恰自来。

袁枚看见的苔是：自强不息、生机勃勃、顽强……的苔。

出示：苔花如米小，也学牡丹开。

读读诗句，看看你还能读出苔的什么特点？

（播放牡丹绚烂绽放的视频）

看了视频你有什么感受？苔也能像牡丹一样绽放吗？为什么？

你想对苔说什么？

把对苔的感情送进诗句里，有感情地朗读古诗。

4. 提升

（1）观看梁俊老师和大山里的孩子们在《经典咏流传》节目中演唱的《苔》。想一想，梁俊老师为什么带着山里的孩子到中央电视台的舞台上展示演出？

我们身边有像苔一样的人吗？

（2）我们把《苔》送给我们身边具有苔一样精神品质的人，全班有感情地背诵《苔》。

5. 拓展

（1）《苔》这首诗借苔来抒发做人要自信、顽强的感想。还有哪些诗也是像《苔》这样借物抒情的？

（2）师生交流同类诗，能背诵的同学到讲台展示。

（3）教师推荐古诗积累篇目：《竹石》《墨梅》《石灰吟》。

第二节　论文荟萃

读国学，学知识，传精神
——学习《千字文》提高语文素养

徐慧清

《全日制义务教育语文课程标准（实验稿）》中有这样的表述：语文课程应培育学生热爱祖国语文的思想感情，指导学生正确理解和使用祖国语文，丰富语言的积累，培养语感，发展思维，使他们具有适应实际需要的识字写字能力、阅读能力、写作能力、口语交际能力。语文课程还应重视提高学生的品德修养和审美情趣，使他们逐步形成良好的个性和健全的人格，促进德、智、体、美的和谐发展。

我们知道识字能力是学习能力的基础，它不仅是阅读和写作的基础，也是文化素养提高的第一步。小学低年级学生只会认课本的生字，识字量是不够的。他们要增加识字量，提高阅读能力，我认为捷径就是学习《千字文》。因为《千字文》是一本著名的古代启蒙读物，也是世界上现存出书最早、使用时间最久、影响最大的识字课本。四字一句，共250句。内容涉及天地、历史、人事、修身、读书、饮食、居住、农艺、园林，以及祭祀等各种社会文化活动。全书语意连贯，句子押韵，具有较高的可读性及趣味性。

当前，我们该如何将《千字文》融入教学中，提高学生的语文素养？确实值得我们来探索。

一、读国学，增加识字量

识字量的增加不仅能够帮助小学生打开一扇重新认识世界的大门，还让他们在文字中找到更为广阔与丰富多彩的世界，为成就更好的自己奠定坚实的基础。

我们都知道，小学生的识字量既决定着他们阅读能力的强弱，也在很大程度上影响着他们语文学习的优秀与否。我们可以利用课前两分钟让学生以不同的形式诵读《千字文》，如领读、小组读、集体读等，让班级书声琅琅，形成一种氛围。我们也知道学生良好习惯的培养很重要，但是任何事物的发展光有外力的推动是不够的，还要有内因起作用，培养学生学习国学经典的良好习惯，更是如此。因此我会定期采取游戏或比赛的形式检查，引导他们自主合作探究识字，给予优秀和进步的个人或小组一定的奖励，从而更深层次地激发他们的诵读国学经典的兴趣。这样一天背诵4句，16个字，一周就可以识记90个字，大约12周就可以认读《千字文》的1000个字。

在这教学过程中，我们教师要充分发挥主导作用，根据学生的年龄特点，结合学生的思维特点，使学生积极地参与诵读《千字文》教学，鼓励学生多读、多背，获得成功的喜悦，从而使枯燥的诵读教学成为学生增加识字量的热土。

二、学知识，拓展知识面

小学阶段是一个人储备语言，积累知识，提高阅读、表达、写作能力的最佳时期。让学生多读、多背国学经典，除了可以增加识字量外，还能拓展知识面，有效提高语文素养。

《千字文》引经据典地包含了磅礴的知识，更是涉及很多典故、生活常识等。在熟读成诵后，我布置学生找找句中涉及的典故、生活常识等资料来阅读，帮助理解句意。也可以鼓励学生根据资料梳理出智慧树或思维导图，利用第二课堂的时间，让他们有机会交流分享，从而证实"读书百遍，其义自见"这句话。

用这样的方式诵读《千字文》，既可以扩大学生的阅读量，也可以拓展他们的知识面。让他们在阅读中潜移默化地塑造着自己的思想和行为。

三、传精神，增强民族自豪感

《千字文》分四部分，第一部分从天地开辟讲起。第二部分重在讲述人的修养标准和原则，也就是修身功夫。第三部分讲述与统治有关的各方面问题。第四部分主要描述恬淡的田园生活，赞美了那些甘于寂寞的人。文中为学生讲述一个又一个的典故和做人的道理，让他们明辨是非，有了道德观，增强了民族自豪感。

在教学中，我采用"互助表演"的教学模式，充分发挥学生的主体作用。我鼓励他们运用多种方式去感悟中华民族精神，例如排练情景剧，穿插听古乐、穿汉服、行古礼等环节，让表演者和观看者都有置身其中的感觉，请观看者结合实际发言，谈谈自己的感悟，我随机点拨，激发他们对传统民族文化的自豪感。

国学知识博大精深，在识记教学中我们可以增加学习的趣味性，也可以切实地让学生了解传统文化常识和在典故中去粗取精地学习到优秀的中华民族精神。

例如，闰余成岁，出自《尚书·尧典》："以闰月定四时成岁。"我国古代天文根据月亮的变化记几月，太阳记年。阴历一年加起来是354天，按照太阳历算是365天，中间差了11天，这就是"闰余"，"闰"字的本义就是多余。一年相差11天，三年加起来就差了33天，多出一个月。这样，立法与物候节律不相符，累积17年以后六月份就要下大雪了。怎样解决呢？只能三年加多一个月，把这个月叫"闰月"，加月的年叫"闰年"。因此每四年会有闰月和闰年。

又例如：露结为霜，出自《周易·坤卦》："履霜坚冰至，阴始凝也。"而"履霜坚冰至"是说脚下既已踏霜，坚冰必将到来。引申告诫人们要见微知著，防微杜渐。

……

随着社会的高速发展，人们逐渐再次重视传统文化学习。我们要合理地将《千字文》融入小学低年级教学中，让学生"读国学，学知识，传精神"，提高语文素养。

参考文献

［1］中国国学文化艺术中心.千字文［M］.北京：人民教育出版社，2011.

［2］中华人民共和国教育部.全日制义务教育语文课程标准（实验稿）
　　［S］.北京：北京师范大学出版社，2001.

儿童认知心理与中国优秀传统文化教育

——从小学语文看中国优秀传统文化教育

刘晶晶

改革开放以来，中华优秀传统文化重回大众视野，并呈现逐渐兴盛之势，"国学馆""汉服热""国风"等传统文化要素一时成为潮流，虽然这些潮流的兴起对于优秀传统文化的回归起到一定的积极作用，但是，如何系统进行传统文化教育，如何在儿童心中播撒传统文化的种子，尚在起步摸索阶段。笔者认为，传统文化教育应与儿童认知心理相适应。

一、中国传统文化的内涵与特征

"文化"一词内涵丰富，党的十九大报告指出："文化是一个国家、一个民族的灵魂。文化兴国运兴，文化强民族强。"文化代表了国家的软实力，可以说，文化是一个国家实践活动的产物，是民族智慧的结晶。"传统"指世代相传、具有特点的社会因素，如文化、道德、思想、制度等。

中华民族历史悠久，华夏文化源远流长，五千年辉煌灿烂的文明史，是中华民族数千年来屹立于世界文明前沿的内生动力，对世界文化与文明发展产生深远影响。在漫长的历史进程中，中华民族在特殊的自然环境、政治体制、意识形态等因素的作用下，形成了独树一帜的民族文化，即为中国传统文化。关于传统文化的类型，不同的研究者虽有不同的划分，但殊途同归，异曲同工，比较让人信服的划分如下表2-2。

表2-2

类别名称	涵盖内容
思想型优秀传统文化	核心思想理念、中华传统美德和中华人文精神
知识型优秀传统文化	国学经典、节日节气和人文民俗
技艺型优秀传统文化	绝学绝技、手工手艺和传统艺术
实物型优秀传统文化	历史遗址、可移动性文物和传统用品

不管遵循哪种划分标准，从中我们至少得出一点结论，即中国传统文化是一个包罗万象的泛化概念，换句话说，中国传统文化具有多样性的特点。那么，中国传统文化教育也必然是一个庞杂的教育大工程。如果仅仅把中国传统文化理解为儒家思想或者经典著作，那无疑是管中窥豹，未见全貌。如果一味褒扬传统文化，对糟粕视而不见，亦有失偏颇。2014年3月，教育部印发《完善中华优秀传统文化教育指导纲要》指出，"中华优秀传统文化是中华民族语言习惯、文化传统、思想观念、情感认同的集中体现，凝聚着中华民族普遍认同和广泛接受的道德规范、思想品格和价值取向，具有极为丰富的思想内涵"。由此可见，中华优秀传统文化博大精深。

中国传统文化还具有抽象性的特点。相较于西方人重理性轻感性，重实践轻经验的特点，中国人则显得更加注重感性经验，崇尚内省思辨，反映到文化体系中，就形成了许多抽象的理论和概念，如"天行有常""天人合一""阴阳相调""道法自然""存心养性"等，这些理论和概念，散见于经史子集等国学经典著作中，如"天有其常道，人有其制力""人法地，地法天，天法道，道法自然""养心莫善于寡欲"……抽象性使得中国传统文化更加深奥隐晦，难以理解，无法适应学生多元化的真实生活，从而产生一种冲突。

二、儿童认知的发展

1. 儿童是独特的人，承认儿童期的价值

传统教育学认为，儿童是不完美地依附于成人而存在的附属品，他被看成是需要成年人教导和改造的对象，成年人相对于儿童，在任何方面都具有压倒

性优势，儿童对此只能顺从。随着儿童教育心理学研究的深入发展，传统教育观逐渐被摒弃，新的教育观倡导认识儿童心理及认知发展的特点，承认儿童与成人的区别。

儿童就是儿童，是独立存在的生命体，有其独特的认识方式和成长特点，在传统文化教育中，教育者必须尊重他们的特殊性，承认儿童期的价值。卢梭曾说过，"在万物的秩序中，人类有他的地位；在人生的秩序中，童年有他的地位；应当把成人看作成人，把孩子看作孩子"。如果总是以成年人的标准和眼光要求儿童，那只会塑造出"年纪轻轻的博士"和"老态龙钟的儿童"。

承认儿童是独特的人，还应尊重儿童的兴趣和需要。儿童是成长期的人，儿童的兴趣和需要与成人不同。在现实的教育环境中，教育者及家长常常忽略儿童的兴趣和爱好，认为他们的兴趣和需求是低级的、幼稚的，他们提出的问题是愚蠢的、无价值的，这就导致儿童与成人之间的对立与不解。蒙台梭利就曾指出，"儿童的心理个性跟我们成人是截然不同的，这是一种性质上的差异，而不仅仅是程度上的差异"。

2. 儿童认知的阶段

儿童认知的发展有特定阶段和顺序。瑞士认知心理学家皮亚杰对儿童的认知发展阶段进行了划分，并详细阐释了每个阶段的认知特点。按照皮亚杰的划分，0—2岁为感觉运动阶段，2—7岁为前运算阶段，7—11岁为具体运算阶段，11岁以后为形式运算阶段。小学生的认知水平，正处于具体运算阶段，其认知阶段特点见下表2-3。

表2-3

具体运算阶段 7—11岁	儿童获得大量的心理操作能力，如多重分类、逆向、序列以及守恒。通过这些动作，他们能够以不同的方式操作符号。逻辑思维在这个时候出现了，但仍主要与具体事件而不是与抽象概念相联系

认知能力处于具体运算阶段的儿童，已经具备了一定的逻辑思维能力，拥有较强的心理操作能力，但在分析问题和解决问题时，依靠的依然是具象可感的事件，而不是抽象概念。也就是说，在小学生的认知特点里，感性认识大于理性认识，形象思维优于抽象思维。皮亚杰认为，儿童的认知发展并不是简单的量的积累，而是有不同的发展阶段，当儿童成长到11岁以后的形式运算阶

段，其抽象和逻辑思维将大大提升。

基于儿童认知发展的阶段性和顺序性，教育理念、教学内容、教学方法等要应时而变，把儿童看作主动学习者，考虑儿童的天性、利用儿童心智发展的固有规律组织教学活动。

三、中国优秀传统文化教育与儿童认知发展相适应

改革开放以来，传统文化教育越发受到重视，相关教育教学政策法规也纷纷涌现。2012年，教育部基础教育课程教材发展中心印发了《2012年中小学图书馆（室）推荐书目》的函，发布了一系列有关传统文化教育的文件，2014年，教育部印发《完善中华优秀传统文化教育指导纲要》，对学校开展传统文化教育进行了部署和安排。

有了政策的支持和文件的指导，全国各地中小学开始了声势浩大的传统文化教育活动。虽然各个学校的实践活动不尽相同，但大同小异，几乎都会选择经典著作作为教学载体，以下表2-4为珠海市香洲区某所小学开展传统文化教育的做法。

表2-4

	学习内容	教学安排	课程评价标准
一年级	《三字经》	利用第二课堂时间，结合校本教材，集体授课。利用早读以及语文课前三分钟反复诵读	学生能流利完整地背诵出内容。学生能大致说出诗文的意思。能创造性地运用知识，如诗配画，诗配舞等
二年级	《千字文》		
三年级	唐诗背诵		
四年级	小古文背诵		
五年级	《论语》		
六年级	《老子》		

从这份安排表可以看出，通过学习，一到六年级学生能基本了解中国传统文化典籍，了解中国文化的精神内核，但这份安排表也暴露了传统文化教育的一些弊端。首先，这份安排表以学生的背诵为主，评价标准也以"学生能流利完整地背诵出内容"为第一评价标准，说明传统文化教育仍然存在死记硬背的情况，结合小学生形象思维能力突出的认知特点，死记硬背的方式并不能帮助学生深入理解传统文化，而传统文化的学习也不应以背诵多少典籍为衡量标

准；其次，根据安排表可知，六年级需要学习的是《老子》，老子崇尚自然，推崇逍遥自由的生存状态，如此抽象的内容，与学生的现实生活和已有阅历相距甚远，即使是初高中学生也难以理解。而六年级学生却要学习整本《老子》，这并不符合小学生的认知特点，这样做无疑是在消磨学生学习传统文化的兴趣和热情。

相比集中授课学习传统文化知识而言，一些实践性活动更能激发学生学习传统文化的热情，如很多学校会结合传统节日，开展一些民俗手工活动；结合读书节，开展经典诵读活动；利用校外综合实践课程，开展传统文化主题教育。这些活动深化了学生对传统文化的认识，让学生在潜移默化之中参与到传统文化教育中，符合学生的学习心理。

四、基于儿童认知心理的传统文化教育

1. 学习策略上，变灌输式教育为体验—探究式学习

传统的灌输式教育严重影响学生的学习热情，尤其是在当下欧美和日韩文化强势入侵的背景下，学生对学习传统文化更是没有多少兴趣，因此迫切需要变灌输式教育为体验—探究式学习。

实现这种转变，首先要从教育理念入手。在传统文化教育过程中，成年人通常怀抱着功利主义的教育观衡量学生学习的价值，如果学生当下没有达到标准，那么成年人就会认为目前所做的一切都是无效的、无价值的，即使儿童在此过程中获得了快乐的体验。接着成年人会继续调整策略方法，想方设法让儿童得到"有价值"的收获，以此证明教育目的的正确性。这种教育价值观否定了儿童的学习体验，忽视了教育本身蕴含的快乐。传统文化教育，尤其是小学阶段传统文化教育，不应掺杂功利主义思想，而应把提升儿童文学素养作为第一准则，把传统文化教育的价值放在当下，让儿童获得更多的学习兴趣，淡化传统文化教育的外在目的。

除此之外，体验—探究式学习要重视学生的实践体验。认知科学家主张体验论、互动论，认为知识与能力的获得并不依赖于天赋，而是依赖于人的感知体验和互动认知。因此在传统文化教育过程中，要重视实践活动，让学生在实践中体会传统文化的乐趣。例如在学习端午节这一传统节日时，可以让学生自己动手包粽子、做香囊、插艾叶；元宵节师生一起制作花灯、猜灯谜、包汤圆

等；遇到节气日，可以通过观看视频、做实验等方式感受传统文化的魅力。

2. 认知策略上，将抽象传统文化具象化

由于中国传统文化自身的抽象性和系统性，与儿童的生活经验以及认知心理存在冲突，因此在教学中，要将抽象文化具象化，深入浅出地渗透传统文化知识。如部编版三年级语文上册第六单元的四篇课文分别为《古诗三首》（《望天门山》《饮湖上初晴后雨》《望洞庭》）《富饶的西沙群岛》《海滨小城》《美丽的小兴安岭》，不难发现，四篇诗文的主题都是歌颂祖国风景秀丽，地大物博。然而现代工业文明的飞速发展，一方面带来了物质的极大丰富，另一方面也让环境遭到一定程度的破坏，于是人类开始探索人与自然和谐发展的道路。事实上，人与自然和谐共生的思维观念，在中国古代哲学中已经得到充分体现，如天人合一的思想中渗透着环保意识，再如《荀子·王制》："春耕、夏耘、秋收、冬藏四者不失时，故五谷不绝而百姓有余食也。"此外，《孟子·梁惠王上》《礼记》《韩非子》等著作中亦有类似的生态理念。因此，教师在教授本单元课文时，可以"见缝插针"渗透"天人合一"的理念，将原本抽象的理念落到实处，增强学生的对传统文化的理解。

3. 教学策略上，以儿童经验和兴趣为起点

传统文化教育不能站在成年人的立场上，而要充分考虑儿童的心理建构，将体系化、理念化的传统文化知识渗透到生活逻辑中，积极挖掘传统文化中的儿童因素。欧美节日之所以充满吸引力，就是因为节日充满了儿童乐趣和游戏精神，例如圣诞节圣诞公公送礼物，复活节敲门要糖果。而中国的传统节日这方面则相对匮乏。"在游戏中，儿童进行感觉—运动练习和想象力练习，是一种从现实到活动本身的同化，游戏为活动提供必要的原料，并将现实按照自我的多种需要进行转化。"在传统文化教育中，教育者要以儿童经验和兴趣为起点，积极挖掘和设计传统节日中的儿童精神。

其次，还要积极探索，运用现代科技开展传统文化教育。随着网络信息技术和动漫产业的蓬勃发展，儿童教育资源愈加丰富新颖，富有创造力，也愈加符合儿童的认知特点。比如动画片《花木兰》就以动漫形式展现了花木兰代父出征，征战沙场，最后衣锦还乡的故事，以儿童喜闻乐见的媒介传递中华民族的孝道美德；再如动画版《弟子规》，通过一个一个小故事诠释《弟子规》的内涵，寓教于乐。此外，育灵童团队打造的传统文化教育资源也值得借鉴。

小学传统文化教育关系到儿童民族认同感和自豪感，也关系到中华民族文化自信，对于提升文化软实力，实现中华民族伟大复兴的中国梦具有不可替代的作用，小学老师要从儿童认知特点出发，积极探索适合儿童的传统文化教学方法和策略，落实立德树人的根本任务。

参考文献

［1］高文苗.新时代中华优秀传统文化教育研究［M］.北京：北京人民出版社，2020.

［2］（法）卢梭.爱弥儿：论教育［M］.李平沤，译.北京：人民教育出版社，2001.

坚定文化自信，探索传统文化传承之路

——结合学校社团活动实践论述

韩艾珍

习近平总书记在党的十九大报告中指出："文化是一个国家、一个民族的灵魂。文化兴国运兴，文化强民族强。"中华优秀传统文化是中华民族的根与魂，应当积极传承和发扬。而小学生作为义务教育的初级阶段，更应该从小学习，注重文化的传承。本校紧密结合特色社团——心桥文学社，积极开展丰富多彩的传统文化活动，弘扬传统文化，让学生以中华传统文化为荣，增强学生的文化认同感、爱国荣誉感。

心桥文学社是本校的特色社团，兼顾传承传统文化和培养学生文学素养两大功能。通过开展经典文学作品欣赏、阅读经典交流、切身实践体验等活动，提高学生文学素养水平，激发学生了解传统文化、喜爱传统文化的兴趣，并教育学生传承和弘扬中华传统文化。

为了让学生有效地学习、吸收传统文化，丰富同学们的文化生活，近几年来，作为文学社的负责老师，本人从以下几个方面进行研究和实践，致力于把文学社办成真正陶冶情操，弘扬传统文化的社团。

一、"发扬传统文化"活动宗旨

（1）围绕"品味经典，传承精髓"的主题，组织相关的活动。

（2）发挥学生的文学特长，鼓励学生学习经典文化，并积极进行文学创作。以学校的第二课堂为依托，开设"我和传统文化有个约会"的学习课程，丰富学生的文化学习生活，并配合建设我校的"书香校园"文化氛围。

（3）在学校指导老师的指导下，定期开展各式各样的文学活动，努力培养一批传统文化爱好者，让他们在社区、校园和班级进行传统文化的宣传和推广。

二、"发扬传统文化"活动内容和形式

（一）开展专题活动，增强文化自豪感

心桥文学社每学期或每学年会有针对性地选择一个传统文化主题，进行专题性活动或研究，以下为开展的系列活动。

活动一：本社围绕"月"展开一次系列研究

在中国传统文化中，"月亮"这一事物常常是诗人思想情感的载体，她蕴含着思乡、念人等，意蕴十分丰富。在很多咏月诗歌中，诗人将月融于内心思想情感之中，并使月与内心的思想情感互为辉映，创造了许多优美的审美意境，并将诗的文学品位、思想内涵与艺术造诣提升到一个极高的水平。因此心桥文学社以此为主题，开展了"诗朗诵、飞花令、学生小讲堂"等活动。

本人为学生提供了几个研究方向，以便学生自由选择，并深入发掘。

（1）探寻"月"在诗人心中的地位。

（2）研究"月"为什么在古人心中有如此高的地位？

（3）搜集唐代诗人描写"月"的诗歌，并选择自己喜欢的诗歌进行赏析。

（4）搜集宋代词人描写"月"的名篇，并选择自己喜欢的词进行赏析。

（5）找一找谁写"月"最多？

（6）古人对月亮的别称。

（7）月亮在现代人心中的地位。

（8）现代人对月亮的研究——嫦娥工程（嫦娥一号卫星）。

以上是我提出的研究方向，学生还根据自己喜欢的内容自行确立主题，进行研究。如：一个学生研究了李白诗中的"月"，另一个学生研究了苏轼著名

的词——《水调歌头》。

学生们通过这些关于月的研究的专题活动，对月亮在传统文化中的作用和意义有了全方位的了解，不仅把古今诗人找了出来，还积累了诗词，形成了一套自己关于"月亮"的学习心得。这次研究活动，锻炼了学生的总结归纳能力、搜集信息的能力和领导组织的能力。在全部专题分享完毕后，本社成员又针对自己感兴趣的知识写下自己的感受，并模仿诗人写诗词。

活动二：本社开展以"与花为友，与诗为伴"的专题活动

根据中国民间传说农历二月十二日是百花生日。清代蔡云也有诗云："百花生日是良辰，未到花朝一半春；红紫万千披锦绣，尚劳点缀贺花神。"讲的是百花盛开为花神祝寿的景象。历代文人墨客玩味和吟咏百花，弄出许多趣闻逸事来，从而造就出12个月的花神来。正所谓"日日有花开，月月有花神"了。

社团结合农历中的十二个月令的代表花，与司十二月令花神的传说为线索，引出学生探索传统文化，并以组为单位开展文学活动。

（1）每学年布置6个月的花神。学生以组为单位，选择自己喜欢的花神和人物进行专题活动。如下表2-5：

表2-5

正月梅花—寿阳公主	七月蜀葵—李夫人
二月杏花—杨贵妃	八月桂花—徐惠
三月桃花—息夫人	九月菊花—陶渊明
四月牡丹—李白	十月木芙蓉—石曼卿
五月石榴—钟馗	十一月山茶—白居易
六月莲花—西施	腊月水仙—娥皇与女英

（2）老师分月份，制作"与花为友，与诗为伴"的微课，并适当为学生讲解。

本人在制作微课时，也按照月份的顺序制作，并在微课制作中，结合文学社孩子们的特点，为孩子们介绍更多诗词鉴赏或诗词创作方面的专业知识，而且为学生们补充一些他们没有提到的文学常识或国学知识，以便学生能够在学习中继续探究。

（3）学生进行多样的传统文化活动。

① 选择相关的古代诗歌进行汇报分享：每个组在汇报的PPT中，需加入和此花、花神相关的诗歌，并打印资料，要求大家背诵。

② 创编"传统文化小知识"情景剧：可以根据花神的传说，创编情景剧，在社团内部和班级演出。学生从演出中总结收获，再次在社团内分享自己的感受。

③ 每学期评选出展示得好的组，老师和组员一起帮这个组整理资料，并在学校"仁爱讲堂"进行专题讲座等。

活动三：关于"品味经典，传承精髓"的课文剧、小古文创编活动

（1）选择主题，在组内写剧本。

（2）分组在闲暇时间排练。每组有导演、编剧、后勤（负责服装道具）、主角、配角的分工。

（3）请指导老师观摩，并提出指导意见。

表2-6为学生自制课本剧演评分。

表2-6

评分标准 组队	剧本创作 25分	表演艺术 40分	语言 20分	服装、道具 5分	表演艺术（姿态、情感） 40分	表演效果 10分	总分

在老师与学生的互相配合下，经过半年的时间，本校心桥文学社的同学已经能够积极主动的对自己喜欢的"传统文化"问题进行探究。特别是在我们研究的问题中，学生很积极地制作PPT，并在社团内部开展经典诗词积累比赛。学校还结合社团活动，在班级开展"品味经典，传承精髓"的诗歌朗读活动、课本剧活动等，提高了学生的文学素养，有效地弘扬了中华传统文化。

（二）创办期刊、报刊，开设学习"传统文化"专栏，增强文化自信感

本校有专门的期刊《心桥》。为了在全校范围内弘扬传统文化，本社在报刊和期刊里，专门开设学习"传统文化"专栏。

如：在春季刊中，本刊以"春"为话题展开编写。

"传统文化"专栏从以下几个方面进行讲解：

① 选取一个有特色的班级做第二课堂"我与传统有个约会"的展示，文学社的同学负责采访，写通讯稿。

② 为学生选取以"春"为主题的国学知识。如：节气、来历、古文。

③ 刊物中选取名人故事（古代、现代），哲理或寓言故事。

④ 为了增加刊物的趣味性，还准备了国学趣味知识。如：趣味汉字、益智题目、成语接龙等。

⑤ 选取至少10篇与"春"有关的诗词，部分诗词做详细鉴赏说明。

⑥ 刊登文学社社员或学校同学的仿写的诗歌作品。

（三）以社团名义，开展校级活动，增强文化自强感

为了弘扬传统文化，本社还将与学校联手，一起开展更多的国学活动。如：经典诵读比赛、诗词大赛、硬笔书法比赛、诗词写作、关于国学经典的辩论、"品味经典，传承精髓"的演讲比赛、走进古人专题讲座等活动，陶冶师生情操，并锻炼参与者的能力，丰富校园文化生活。

心桥文学社每学年定期向学生征集全校师生的作品，并制作成报纸、刊物，以促进和提高学生学习传统文化，弘扬民族精神。

以上是本人在"探索传统文化传承之路"中所做的活动探索，这样的实践探索，不仅丰富了校园文学活动，给学生构建多元选择的平台，而且符合学生文化发展差异的要求，有效地丰富了学校课程中传统文化的内容，对学生的全面发展具有重要的意义。

在发展和弘扬传统文化中，还有很长的路要走，还需要各位优秀老师的指导，学生的坚持和探索。本人近三年带领文学社的社员们慢慢探索传统文化的传承路，盼望传统文化之花开在学生的心坎里，盼望传统文化的种子能种到每一个人的心里，逐渐长大，盼望这一代的孩子们能汲取传统文化的精华，越走越远，发扬光大。

参考文献

殷伟，程建强.图说十二月花神［M］.北京：清华大学出版社，2014.

秋水共长天一色

——经典诵读与语文课堂有机融合的策略初探

肖小惠

　　《义务教育语文课程标准（2011年版）》指出：语文课程应通过优秀文化的熏陶感染，促进学生的和谐发展，使他们提高思想道德修养和审美情趣；"要吸收人类优秀文化的营养，提高文化品位"，背诵优秀诗文240篇（段）。同时新《课标》还附录了小学1—6年级，中学7—9年级应背诵的古诗文目录。而2016年发布的《中国学生发展核心素养》在人文底蕴这方面也提出：要使学生具有古今中外人文领域基本知识和成果的积累；能理解和掌握人文思想中所蕴含的认识方法和实践方法等。可见学习中国优秀传统文化已经提到了一个相当高的位置。而在现实生活中，我们也发现：诵读经典是学习语文的根本，诵读经典有益于人的终身发展，诵读经典是传承中华文明的需要。

　　我们要根据小学生的认知特点，通过实施科学有效的语文课堂教学和形式多样的经典诵读，使经典诵读与语文教学有机、灵动地融合，达到在潜移默化中提高学生的语文综合素养，让优秀的中华传统文化成为学生陶冶情操、滋养心灵、启迪心智、塑造人格的一剂良方。

　　我校大力开展经典诵读活动，并给每个年级制订了相应的诵读内容（如表2-7）：

表2-7

年级	一年级	二年级	三年级	四年级	五年级	六年级
上学期	《弟子规》	《三字经》	《百家姓》	《千字文》	《笠翁对韵》	《论语》
下学期	《小学生必背古诗词75首》	《三字经》	《百家姓》	《千字文》	《笠翁对韵》	《论语》

一、经典诵读与语文课堂有机融合的意义

语文课堂是进行语文教学的主阵地，是渗透经典诵读的大舞台。将经典诵读与语文课堂进行有机融合，是因为语文老师的专业性不可替代，语文课堂的高效性显而易见。苏联著名教育家苏霍姆林斯基说："积三十年的经验，使我确信学生的智力取决于良好的阅读习惯和能力。"颜之推在《颜氏家训》曾提道："人生小幼，精神专利，长成已后，思虑散逸，固须早教，勿失机也。吾七岁时，诵《灵光殿赋》，至于今日，十年一理，犹不遗忘；二十之外，所诵经书，一月废置，便至荒芜矣。……幼而学者，如日出之光，老而学者，如秉烛夜行，犹贤乎瞑目而无见者也。"主要意思是：从小就开始学习的人，就如同太阳初升时的光芒；到老来才开始学习的人，就如同手持蜡烛在夜间行走，但总比那闭着眼睛什么也看不见的人强。在童年时期输入大量的、经典的、完整的文本信息，为言辞行文确立可效仿的典范，以其达到将来的厚积薄发的效果，这遵循了语文的习得之道。如史学大师钱穆9岁就熟背《三国》，鲁迅在幼小时期就背下了《纲鉴》，茅盾能把《红楼梦》倒背如流。

1. 专业性

所谓经典，是在历史长河中积淀下来的精髓，除古诗词外，四书五经及古代启蒙典籍《弟子规》《三字经》《千家诗》《声律启蒙》等。经典诵读内容的选择对活动的成效起了关键性的作用，语文教师的学科专业性取决了老师能对经典诵读内容进行筛选。

2. 高效性

在语文教学中，老师可以将诵读内容与教材进行整合。如将语文教材中"日积月累"与课文中涉及"经典"的部分与经典诵读内容进行整合。教材中涉及"经典诵读"的内容，在教学中，老师采用"一篇带多篇"或由片段拓展到全篇的学习方法，与经典内容结合起来。教材里还有一些"文包诗"或历史小故事，在教学时因势利导，拓展延伸相关"经典诵读"学习内容。这些举措，都可以在语文课堂完成，简单高效易实施。

老师可以安排一些主题经典诵读，如，可以根据四季时令开展古诗经典阅读：《春之歌》《夏之乐》《秋之韵》《冬之声》，既集中又能拓展经典诵读的内容。

3. 灵活性

将经典诵读与语文课堂有机融合，实行起来比较灵活，可以是课前诵读，也可以是课中放松唱诗，更可以是课后背诵赛读。经典诵读的内容可以朗读、背诵、吟唱，诗配画，改写等，形式是灵活多样的。比如，每天课前两分钟，我们班的孩子都会跟随音乐吟唱诗词，低年级是《弟子规》《三字经》，随着年龄增长，内容不断更新，既积累古典文化知识又能滋养身心。

二、经典诵读与语文课堂有机融合的方式

（一）注意方式的融合

1. 读

关于"经典诵读"里面的读，很多老师理所当然以为是"诵读"，实际上，个人认为它应该包含朗读、吟诵、歌唱、背诵等方式。将内容进行细化分类，选择符合儿童身心发展和成长规律的经典著作，在课堂中进行见缝插针式的渗透，开展课前一吟，熟读成诵的活动。为减轻学生背诵古诗的负担，教师要提倡见缝插针、积少成多的诵读方法，各班可利用每天语文课前一两分钟时间，开展"课前一吟"活动，"学而时习之"。古诗文本身就具有强烈的音乐美，可开展歌唱古诗文的活动，感受诵读经典的乐趣。

2. 听

随着时代的进步，关于经典诵读的资源非常丰富。老师可以推荐一些经典诵读的公众号给家长关注，如"中华好诗词""为你读诗""字媒体"营造国学氛围，也可以下载喜马拉雅这个APP，里面有海量专门为儿童定制的经典诵读资源，目前比较热门的"婷婷唱古诗"，将古诗改编成音律优美的乐曲，寓教于乐。

我们学校也有老师专门给志同道合的学生成立"诗情画意"微信群，老师、家长、学生经常组织各类诵读活动，如：微信群读诗唱诗打卡交流、教爸爸妈妈读经典、诗词读书会诗配画等，营造良好的氛围。

3. 写

古诗语言精练、文辞优美，短短的文字言有尽而意无穷，耐人寻味，最能激发学生的想象。老师可以适时安排一些随文练笔。如古诗教学，有情节的可以让学生展开想象进行改写。比如，老师在教学送别诗《黄鹤楼送孟浩然之广

陵》，可以让学生想像当时送别的场景，学生由此写出："一叶孤舟远远地消失在碧空尽头，望着滔滔的江水向大海流去，诗人仰起头，看到在西边伫立的黄鹤楼……"

除此之外，还可以在课堂上进行抄写积累。或者是分小组编写经典选篇。学生将自己诵读的经典分类，如分成学习方面，为人交友，励志人生，绚丽自然等。并由此自己编成一个小册子，配上精美的插图，写上序言，设计封面。学生的主动性、创造性得以发挥。我们班的同学们特别喜欢利用周末时间，分成各个学习小组，根据一定的主题整理古诗，然后带到课堂来交流分享。

4. 画

将"诗"与"画""书法"结合起来，诗配画，画填诗。在经典中，因为作者的推敲琢磨，使语言很具有鲜明的形象性。如"春风又绿江南岸，明月何时照我还""黄四娘家花满蹊，千朵万朵压枝低""碧玉妆成一树高，万条垂下绿丝绦"等，都能在学生的头脑中形象一幅幅优美的图画。比如我校三年级开展的国学经典诵读"诗韵伴我成长"，这一研究专题，让学生诵读的基础上，为经典配画，加深了学生对经典的感悟，培养他们思维力、想象力，孩子们对此活动乐此不疲。

（二）注意资源的整合

1. 结合四季

在浩瀚的古典文籍里，我们要善于整理，以便让学生汲取充足的营养。比如，我们可以结合一年四季或者是二十四节气整理一些相关的经典诵读，在经典诵读中渗透中国传统文化。如春天到了，组织学生走出校门踏青。看见桃花，教师有意识地诵出"忽逢桃花林，夹岸数百步，中无杂树，芳草鲜美，落英缤纷……""竹外桃花三两枝，春江水暖鸭先知"等句子，引导学生吟出自己诵读过的与桃花有关的句子。在作文中，也经常引导学生恰当地运用经典句子。如描写春雨时，用上"好雨知时节，当春乃发生"，充分地表达自己对春雨的喜爱之情。

2. 结合节日

结合传统节日及重大节日：春节、元宵节、清明节、重阳节、七夕等，以及儿童节、国庆节、父亲节、母亲节等，整合关于庆祝团圆、缅怀先人、相思、感念父母恩情等主题的经典诵读，整合资源，凝聚主题，使学生在把握基点中生情。整合同一题材的作品，以题材为桥梁，带领学生对比体会，加深理解，增加积累。

3. 结合时政

我们也可以结合"中国梦""两带一路"等最新热门话题，紧跟世界最新动态与发展趋势，古今结合，让经典诵读焕发新的生命力，在其中渗透爱国诗歌、边塞诗或者是其他相关的经典。我们要注意两点：

（1）把握同一主题的作品。小学阶段的古诗词教材中，不少古诗词虽然作者、背景不同，但表达的情感、主题却是相同或相近的。

（2）拓展同一诗人的作品。不仅可提高学生对不同语言风格的感受力，还可加深学生对古诗内容的理解和对该作者写作风格的把握。

三、经典诵读与语文课堂有机融合的评价

为了让经典诵读与语文课堂有机融合能顺利实行，我们还要注意评价。评价要做到三方面：

1. 及时

课堂上对学生以鼓励为主，评价及时，让学生更加有兴趣。

2. 量化

既然是经典诵读，那就应该结合孩子的年龄特点和身心发展特点，每学期确立不同的诵读内容，如：小学一、二年级，诵读《三字经》《弟子规》，古诗10首；小学三、四年级，诵读《笠翁对韵》、《千字文》、古诗20首；小学五、六年级，诵读《笠翁对韵》、《论语》、《诗经》、古诗30首。除此之外再根据四季、时令、节日、时事等拓展经典诵读内容，能完成的就额外奖励。

3. 多元

经典诵读毕竟是学习语文知识之外作为提高孩子综合素养的一种资源，班级的孩子学习能力各有不同，我们应该估计不同层次孩子的特点，制定评价策略，实行多元评价，多元诵读方式，让每一个孩子都得到成长。我们还可以适当组织一些校园诵读比赛，鼓励学生参与经典诵读。

习近平和美国副总统拜登共同出席中美企业家座谈会时提出："不畏浮云遮望眼。"他在考察中央党校时曾提出："博学之审问之慎思之明辨之笃行之。"他在与优秀青年座谈时提出："学如弓弩，才如箭镞。"民族的自信始

于文化的自信。中华文化独一无二的理念、智慧、气度、神韵，增添了中国人民和中华民族内心深处的自信和自豪。"一花独放不是春，百花齐放春满园。"让我们扎根于语文课堂，与经典诵读有机融合，提升孩子的综合素养和文化自信！

参考文献

[1] 中华人民共和国教育部. 义务教育语文课程标准（2011年版）[S].
　　北京：人民教育出版社，2012.

[2] 颜之推. 颜氏家训译注 [M]. 吴玉琦，王秀霞，注译. 长春：吉林文史
　　出版社，1998.

[3] 付晓萌，王晓荣. 小学生必读古诗词 [M]. 延吉：延边人民出版
　　社，2011.

畅读经典，静待花开

——小学低年级"素读"经典教学法实施策略初探

冯玮玮

在儿童的成长过程中，阅读有着无可取代的地位。古往今来，哪一位学者不是学富五车、满腹经纶？鲁迅先生小时候就能背下《纲鉴》，茅盾先生能将《红楼梦》倒背如流，杨振宁初中就能背诵整本《孟子》……往往我们老师绞尽脑汁，使出十八般武艺，只为了鼓励孩子多阅读、爱阅读。可当下的小学生，在外来文化、网络文化等"流行文化"的影响下，文化素养上普遍表现出参差不齐：不少学生识字量不过关、写作水平低，甚至连一首打油诗都写不出来。相比古代私塾的孩子，两三年的学习，就可吟诗作对，出口成章，挥毫成文，原因何在？

我觉得，一方面，在当今小学语文阅读教学中，老师在课堂上以讲代读、以提问回答代替读书、以议代讲的现象越来越多，而课堂上留给孩子们读书的时间越来越少。另一方面，则是我们小学语文教学中对国学经典的忽视，对国学经典的重"讲"轻"读"。

我们的民族是一个有着五千多年灿烂历史和深厚文化底蕴的伟大民族。在五千多年的历史长河发展史中，中华民族积累了丰富的民族智慧和民族文化，这些智慧和文化都以国学经典的形式传承和保存了下来。阅读国学经典不但可以丰富人的知识，还能滋润人的心灵，它有着巨大的种子能量。小学低年级的孩子正处于求知欲开始蓬勃发展的阶段，他们需要大量的阅读，这个时候趁势引导孩子们进入国学经典的书海，就是要把经典的种子播撒在学生的精神土壤上，静待花开。

不过，国学经典多为古文，对于低年级的孩子而言，识字量不够，理解能力有限，学习起来有一定的难度。那如何在培养孩子学习兴趣的基础上，打下坚实的国学基础呢？我认为，"素读"经典是一个非常有效的学习方法。"素读"就是不追求理解所读内容的含义，只是纯粹地读。儿童，正是记忆力最好的时期，利用这一宝贵的时期，接触最具智慧和价值的经典，不但能增加孩子的识字量，更能加强对孩子记忆力的训练，有助于提高孩子的阅读、写作能力。

那么，如何在低年级国学经典诵读中有效运用"素读"学习法呢？结合陈琴老师提出的"素读"教学法相关理论，我在低年级国学经典诵读活动中进行了有针对性的探索研究，并有了一些自己的感悟。

一、重读轻讲，记忆为先

特级教师陈琴老师在"素读"经典教学法中提出"讲、读、吟、背"四步环节，讲是难点，读是重点，吟是强化，背才是最终的目的。古诗文要不要讲？怎么讲？这一直是我们语文教学的一个"难点"，在引导学生学习国学经典时，这更是必须要直面的问题。讲多了，怕学生失去自己对文字的理解，讲少了，怕学生不能理解古诗文的含义。在实践教学的过程中，我发现，古诗文要想让学生喜欢，还是要讲的。把每一篇经典文字中最有情趣、最有意思的地方，有序有趣地讲一讲，孩子才不会觉得我们的国学经典可怕、生涩。

但讲古诗文也要根据不同学段的学生特点，有选择地根据古诗文的内容来讲。比如，对于低年级诵读《三字经》《弟子规》之类的内容，不建议做过于精细的讲解，在学生能理解的程度上，把字面意思疏通就行了。因为只有反复诵读，有些文字才会等到顿悟时闪现灵光。"素读"教学法，重点还是在读，反复地诵读，大声地诵读，把诵读的内容烂熟于心，最后一定会"读书百遍，其义自见"。

二、"素"而不闷，以趣为辅

在低年级的经典诵读活动中，培养学生对国学经典的兴趣是至关重要的。如果仅仅只是一遍又一遍地重复读，怕是很难抓住孩子们的学习注意力。那么教师可以设计一些简单的朗读游戏，如：接力读、男女对读、师生比赛读、拍手读、敲桌读、吟唱读、配乐读等。

孩子们天生喜欢游戏，爱新鲜玩意。前段时间学习《笠翁对韵》，我大胆尝试，引用流行的乐曲节奏，没想到孩子们非常喜欢这种新鲜的调子，诵读兴趣特别浓厚，课堂上男女对读、比赛读、挑战赛各种活动的不断开展，孩子们参与兴趣一波高过一波。甚至连课后都还不让我关音乐，还在继续配乐背诵，还自发地加上了动作，敲桌子当鼓点，好一派"流行+经典"的融合，那一天的课堂，真是非常精彩。

在"素读"中适当添加游戏，可以让孩子在游戏中回返复踏，反复诵读。在"素读"中添加音乐、鼓点节拍、快板等流行元素，不但减少了诵读的单一性，还增添了趣味性，真是"素"而不闷，"素"中有趣。

三、"素""吟"结合，授之以法

吟诵，是古代读书人的诵读方式，也是经典素读教学法中的一个重要教学手段。在经典诵读学习中，我们不但要让学生"学读"更要让他们"会读"，因此，让学生掌握吟诵的方法很重要。当然，对于从没有接触过吟诵的低年级孩子，不建议一开始就讲吟诵的知识，以免增加孩子学习国学经典的畏难情绪。

模仿是儿童的天性，儿童的一切学习最初都是从模仿开始的，因此，教师的示范是吟诵最好的入门方法。而且老师与孩子一起投入地诵读，比单纯要求孩子自己诵读，效果要好得多。这也要求我们教师应多学习，自身要具备相应的古诗文吟诵素养。

在孩子们跟着教师模仿，有了一定的吟诵基础上，老师再适时教学生吟诵规则：平长仄短，依字行腔。一二声平三四仄，入声规则很奇特。平长仄短入声促，韵字平仄皆回缓。然后，在开展诵读活动的时候，针对低年级学生的《弟子规》《声律启蒙》等韵文特点，节奏尽量简单些，符合儿童的韵律感即可。当学生掌握了素读吟诵的方法，他们就可以更自由地开展国学经典诵读，在素读与吟诵中感受经典的文字美、韵律美，从而爱上素读、吟诵，爱上经典。

四、定量"素读"，温故知新

朱自清先生曾说过："学习文学而懒于记诵是不成的，特别是诗，与其囫囵吞枣或是走马观花地读十部诗集，不如仔仔细细地背诵三百首诗。这三百首虽少，是你自己的，那十部诗集虽多，看过了就还了别人……读了还不和没读一样！"

经典素读的核心价值就是在积累、积淀，陈琴老师建议每天背诵100字左右，我也是这样来坚持训练学生的。经典课堂处处在，贵在持久巧安排。在学校，老师可以充分利用早读、午读、课前3分钟时间，甚至利用课堂的3—5分钟，集腋成裘、聚沙成塔。另外，建议同学们尽量在课堂内完成背诵，因为集体背诵比回家单独背诵效率更高。

除了每日完成100字左右的"新"量，也要常常"温故知新"，可不能做掰玉米的狗熊，掰一个，扔一个。每天读新内容前，都要先复习一下前几天的内容，还可以开展一些比赛，比如记忆大赛、古诗词背诵大赛等。

经典的熏陶会成为学生阅读的动力。经典作品只有经过"素读"，装进孩子的记忆深处，成为想忘都不能忘的内容，才能发挥功效。作为一名语文教师，让孩子们徜徉于国学经典之中，感受着祖国传统文化的巨大魅力，让孩子们都成为"腹有诗书气自华"的中华传承者，这是我们义不容辞的责任。让我们不断探索前行，引领学生畅读国学经典，将经典的芬芳深植每个孩子的心田，静待花开！

参考文献

[1] 王崧舟."素读"的文化启示 [J] 小学语文教学，2014（3）.

[2] 陈琴."素读"经典之美 [EB/OL]. https：//www.ebama.net/forum.php?filter=typeid&mod=viewthread&ordertype=1&tid=34269&typeid=200.

浅谈穿针引线刘姥姥

梁丽玲

"淡淡写来"而"一波三折",是《红楼梦》情节描写的一大特点。"贾府的历史悲剧,通过刘姥姥三进荣国府,贾府三次红白喜事,以及所谓始以'三春',终'三秋'等横断面来展现其盛衰,荣辱,聚散历程的。"姥姥三进荣国府是众所周知的事情。所写贾府的三次丧事,第一次丧事是秦可卿的死,第二次丧事是贾敬的死,第三次是贾母的死,与其相配对的是贾府三姐妹出嫁的三次"红喜",意蕴深厚。"三春"既指贾氏三姐妹,也指三个"春的标志",书中一共写了三次过元宵节,三次过中秋节的正面特写的场面。"三春去后诸芳尽,各自须寻各自门。"这是作者设下的美丽的"情节环"。

本文就刘姥姥三次进荣国府,谈谈其穿针引线之妙用。

一、刘姥姥——进荣国府的作用

1. 纲领头绪,眼光独特

"侯门深似海",贾府上下有数百人,一天下来有一二十件乱麻一般的事,如作者所说"并无个头绪可作纲领",刘姥姥作为一个线索人物出现,她凑巧上路拜访贾府,她的造访巧妙方便地与作者寻求头绪作为故事开头相配合。与偌大的贾府相比,刘姥姥那小小人家如"芥豆之微"一个久居村野的老寡妇以局外人的观点,揭露贾府宅邸的壮观,是黛玉与宝钗所不能的,她们与贾府都是属于同一个圈子的,她们视所见之许多东西为理所当然。"读者也就可以借助刘姥姥的眼睛来认识世界,阅历人生。这个形象犹如艺术家手中的魔杖一般,照亮了大千世界的诸般色相和各种情态,极大地开拓了作品的生活容量和思维空间。"

2. 直接目的在于引出王熙凤

《红楼梦》第六回写"刘姥姥一进荣国府"刘姥姥带着外孙板儿,仰仗王夫人陪房周瑞家的帮忙,几经周折,进入贾府。首先,作者借刘姥姥的眼、耳、鼻、身各种器官向读者展示了贾府的生活。"才入堂屋，只闻一阵香扑了脸来，竟不辨是何气味，身子如在云端里一般"，这是呼吸惯了村野自然空气的刘姥姥的真实嗅觉；"满屋中之物都耀眼争光的，使人头悬目眩"，这是看惯了农庄村舍的刘姥姥的真实视觉；"只听见咯当咯当的响声，大有似乎打箩柜筛面得一般，不免东张西望的。忽见堂屋中柱子上挂着一个匣子，底下又坠着一个秤砣般一物，却不住地乱晃。刘姥姥心中想着：这是什么爱物儿？有甚用呢？正呆时，只听得当的一声，又若金钟铜磬一般，不妨倒唬地一展眼"，这是听惯了打箩柜筛面咯当之声的刘姥姥的非凡听觉。这大家族的排场，大贵族的势派，都是为了营造一种氛围，一种引出管家奶奶王熙凤的前奏。此时许多人物还不曾登场，故事还未展开，作者要为小说的重要人物铺好场。这时的刘姥姥显得拘束惶恐，应接不暇，忐忑不安，因为平儿长得又漂亮，穿得又非常阔气，刘姥姥一开始以为她是王熙凤，后来才知道她不过是个有身份的丫头。这样的衬托，使未出场的王熙凤更加地了不得了。在接下来的"面谈"中，更是精彩地把两种不同的性格和心态在我们面前对比。

3. 道出贾府"末世"的富贵

"瘦死的骆驼比马大""你老拔根寒毛比我们的腰还粗呢！"刘姥姥虽语言粗俗，心口如一，但这也道出了当时的贾府虽已进入"末世"，却仍是与"村野人"有巨大的贫富差距。刘姥姥一进荣国府打通关节，旗开得胜，使一个小小的庄户人家和赫赫有名的金陵大户逐渐建立关系。她不但使贾府认下了这门亲戚，还拿回来二十两银子外加一吊钱的援助，使这个庄户人家渡过了难关。

二、刘姥姥二进荣国府的作用

1. 借刘姥姥之眼，全面展现大观园之豪华美丽

刘姥姥二进荣国府是在贾府鼎盛之时，写在第三十九回到第四十二回。二进荣国府是刘姥姥跟贾府关系的最重要的部分。这个穿针引线的基本任务，在这里表现得就更加充分了。这次刘姥姥来的目的本是道谢，却不料受到贾府的特别"欣赏"和"优待"。有了"村姥姥信口开河"，也就有了那场"走水"，也就有了后来巧姐的境遇。这一次刘姥姥随贾母逛了比画儿还强十倍的大观园。读者可以借刘姥姥之眼更加全面地了解大观园，这样的描写更加的客观，更加符合读者的视觉，更能体现大观园的大、豪华与美丽。

2. 刘姥姥融入大观园，展现贾府"鲜花着锦之盛"

刘姥姥能很快地融进了大观园，"此番她所见到贾府人物，不仅数量上远远超过'一进'，而且'规格'也大大提高，从至高无上的'老祖宗'、人中凤凰的宝二爷，到众位太太奶奶姑娘小姐以至丫头仆妇。在大庭广众之间，刘姥姥应对自如，出语得体，把村野间所见所闻随口编派，居然说得'合了贾母的心思'，连王夫人都'听住了'。刘姥姥的信口开河编的故事，竟使痴心呆性的'情哥哥'贾宝玉信以为真，盘根究底。足见刘姥姥对贾府众人具有多大的吸引力，简直成为头号新闻人物了"。还自愿当女篾片被捉弄，"在凤姐和鸳鸯的导演之下，以似乎笨拙其实有创造性的方式，卖弄着自己的机灵，作了各种不那么高贵的即兴表演"，制造出大观园里见所未见的狂欢。刘姥姥的二进荣国府还解决了作者处理众多人物同时出场的难题。"刘姥姥的左右逢源，装疯卖傻，心知肚明依本色说话行令，引众发笑，也令贾母喜欢。虽则内心深处也不时泛起一种'绊倒了不痛，爬起来痛'的痛楚，然而只要能达到'哄着老太太开个心'的要求，便'也算我们的穷心'了！"可见刘姥姥的质朴和善良。在大观园内的大吃大喝，酒足饭饱，所以就上演了"刘姥姥醉卧怡红院"的丑态。就是这一系列的描绘里，"显示了贾府那由于元春封为凤藻宫尚书并加封贤德妃而带来的一时'烈火烹油、鲜花着锦之盛'，以及那'金樽美酒千人血，玉盘佳肴万民羹'的日用排场和生活势派"。

3. 引出妙玉，把人物写得丰富具体生动

妙玉作为十二金钗中独特的一个，她的身份比较特殊。而且，这个栊翠庵它虽然属于贾府的家庙性质，所以一般的人他平常不大有机会，也不大愿意进这个栊翠庵。因为妙玉这人比较怪，所以讨红梅的时候都是派宝玉去的。连李纨她们都觉得妙玉有点怪僻，而不愿多接触。而这回写到妙玉，非常自然，因为是贾母要进院子看看带刘姥姥玩，贾母还亲自导游解说，走得累了，想喝茶，这样很自然地大队人马进了栊翠庵，那么妙玉就成了这一场戏当中的中心人物了。妙玉献茶当中就能表现出来她的个性，不同的人用不同的杯子。"幸而那杯子是我没吃过的，若我是使过，我就砸碎了也不能给他。"只因刘姥姥用的杯子，也能引发如此肺腑之言，因而将妙玉的洁癖刻画得淋漓尽致。另一方面也点出了妙玉是渴望爱情的，被迫出嫁，带发修行的她，对美好的男性仍是有爱慕之情的，这点从她将在给宝玉献茶时，用的是自己常日吃茶的那只绿玉斗。从这么一个不经意的小细节中，暴露了她极力隐藏的秘密。

4. 匠心独运，为刘姥姥日后救巧姐埋下伏笔

年幼的大姐儿（巧姐）的大柚子与板儿的佛手来了个交换，看似平常的一件小事，其中蕴含了作者的匠心独运。一个孩子玩大柚子，一个玩佛手，实在巧。后来也就有了"仿佛冥冥之中有'佛手'所指引，两个孩子有缘分，早就交换了定终身的信物似的"的说法。巧姐的名字也是刘姥姥给取的。从中体现了凤姐对刘姥姥的改观，不仅因为此次刘姥姥已经摆脱了"打秋风"的卑微地位，而且还因为刘姥姥"多打了两石粮食，瓜果菜蔬也风声"而摘了些"留的尖儿"去"孝敬姑奶奶姑娘们"的，让她们"吃个野意儿，也算我们的穷心"。在贾府成了"新闻人物"的刘姥姥受到大家的"欢迎"，可凤姐是从心里开始真正正视刘姥姥了，所以才说"到底是你们有年纪的人经历得多"。叫她给巧姐起个名字，"一则借借你的寿；二则你们是庄稼人，不怕你恼，到底贫苦些，你贫苦人起个名字，只怕压得住他"。凤姐的话也暗示了刘姥姥必定是长寿之人，也压得住他。刘姥姥的一席话更是画龙点睛，"或一时有不遂心的事，必然是遇难成祥，逢凶化吉，却从这'巧'字上来"。为其取名"巧儿"是作者埋下的伏笔。

三、刘姥姥三进荣国府的作用

刘姥姥三进荣国府写在第一百一十三回，"忏宿冤凤姐托村妇"是在"锦衣军查抄宁国府"之后，此时的贾家已不同昔日的豪华、气派。前两次进荣国府，"通过刘姥姥亲历和体验的一些日常琐事和生活活动，让我们看到了贾府的'富'，即享用是何等豪华，势派是何等秩然井肃"。而通过三进荣国府，看到被查抄的荣国府"鹡鸰之悲，棠棣之威"，最后又看到了那"诗书家计俱冰雪，何处飘零有子孙"的人世沧桑。

刘姥姥三进荣国府不但"是揣摩着甲戌第六回回目后批，即'此回借刘妪，却是写阿凤正传，并非泛文，且伏二进三进及巧姐之归着'，以及第五回《巧姐判词》，即'势败休云贵，家亡莫论亲。偶因济刘氏，巧得遇恩人'等一类的意思安排的"，而且与二进荣国府时，王熙凤要刘姥姥为自己女儿巧姐取名字有直接的联系，这名字取得实在"巧"。贾府溃败之时，一片萧索凄凉。贾府的老祖宗贾母已死，昔日泼辣的凤姐病得骨瘦如柴，神情恍惚。势利的人纷纷躲避，可恶的是一些人的落井下石。在凤姐死后，丧尽天良的亲舅舅竟合谋想把巧姐卖了，换取钱财。只有这一个刘姥姥挺身而出，侠肝义胆，是有义气敢担当的。是她的沉着冷静，足智多谋让巧姐脱离"虎口"。此时，之前扮丑角为大观园众人取笑的刘姥姥，一点也不滑稽了，而是如此的善良，心地淳厚，可敬可爱。

在中国的小说、弹词和民间故事中，也提出一些老妇人的典型。她们之中的正派人物就常以丰富的经验，对人的热情充任着人们生活的顾问、助手，或为人排忧解纷。另一种就是以巧言令色，奔走豪门，帮闲拉线，助虐营私，成为众人所鄙视的"三姑六婆"。刘姥姥虽然是从城市到了乡村，看来还不是走街坊、说是非、做罪恶的妇人。"刘姥姥进大观园"的故事之所以在人们口头上流行，是由于作者把刘姥姥的形象描写得逼真、活跃、淋漓尽致。人们对她先是嘲笑，而终敬佩，是因为刘姥姥的三进荣国府时的挺身而出，侠肝义胆。使这个形象得到充分的展现，发掘出她的本质是善良的。

贾府本是刘姥姥的恩人，最后刘姥姥却成为贾府的恩人，真可谓人世沧桑！按作者的构思，刘姥姥的三进荣国府有助于达到作者所想要表达的深刻主题，增添了主题的丰富性。

四、总结

《红楼梦》虽然写的是一个贵族之家，但却没有只写这个贵族之家，使它与外界处于隔绝状态。而是把它放在了整个社会当中，写出了它与社会其他方面的本质联系。让农村寒微人家的刘姥姥进入荣国府，领略一下贾府的惊人的奢侈豪华，无疑是艺术地进行社会上两个世界的对照。不能认为这些情节在小说中是游离的、偶然性的，或无关宏旨的。它们是作者的整个艺术构思的有机组成部分，是作者力求在与社会其他方面应有的本质联系中反映贵族之家的真实面貌，用这些联系来照亮贵族之家内部的生活现象。通过刘姥姥这个人物的观察和感受来写荣国府的富贵、奢华、兴衰变化，有力表现了作品的生活容量。通过刘姥姥这个人物，穿针引线地把整个故事有始有终地讲完了。以前读"刘姥姥进大观园"只是以为刘姥姥以一个小丑身份出现在这里，以为只是为了达到讽刺的作用。如今细细品来，方知作者的心思细腻，构思独特。"刘姥姥三进荣国府"，其主要审美价值不只在于它一般地呈现了贾府外强中干的豪华生活及其最后"好一似食尽鸟投林"的悲凉景象，还在于它拿刘姥姥"这个乡里人和国公府的人做对照把社会两极端的人物风貌和内心精神作了无比鲜明深刻的描绘"，从而展示了贾府历史悲剧发展过程中的三个不同色调的横断面。

参考文献

[1]张锦池.中国四大古典小说论稿[M].北京：华艺出版社，1993.

[2]吕启祥.红楼寻梦[M].北京：文化艺术出版社，2005.

有经典，最语文

——小学语文教学中融入国学经典诵读的实践研究

唐　琼

一、引言

国学经典内涵丰富，博大精深，蕴藏极大的教育功能。学习国学经典，对提升学生语文素养，培养人文精神都有非常积极的意义。为此，作为语文教学工作者，我们应正确认识在教学中融入国学经典诵读的重要意义，探讨如何将国学经典诵读与小学语文教学更好融合，寻找高效的教学策略，为学生成长服务。

二、小学语文教学中融入国学经典诵读的重要意义

（一）提升小学生识字量与阅读能力

在实际教学的过程当中，只是依靠教师在课堂上给小学生进行生字还有词汇的教学，显然是很难达到识字需求的，所以在进行小学语文教学的时候，利用国学经典诵读，可以帮助小学生提升其识字量。

比如，学生在学习的过程当中，如果对《千字文》足够了解，就相当于认识了1000个左右的汉字。而随着小学生对于《百家姓》《三字经》等相关读物的诵读，就可以让小学生识字量有所提升。不仅如此，在诵读的时候，可以让

学生不断地学习和理解，并且了解更多的多音字或是通假字等，这对于提升能力也有着积极意义。

（二）能有效提升小学生的记忆能力

人的大脑前额叶是一个非常重要的神经组织区域。人类在2—3岁的时候开始发育，6—7岁的时候到达发育的巅峰值。正因为如此，在小学阶段培养学生的诵读习惯也就非常重要。在诵读的过程中，学生的记忆力也会因此而得到锻炼，学生将会更加理解国学经典的内容，对未来的人生观还有价值观也将会有所判断，能够起到极其重要的影响意义，甚至可以对学生的一生起到积极的影响。

（三）能有效提升小学生的品德修养

目前我国的互联网信息技术在不断地进步，这给人们的生活还有学习以及工作都会带来很大的便利。网络上难免会存在很多虚假和不良的信息，小学生是非能力相对较弱，所以极易被误导和蒙骗，甚至会误入歧途。小学语文作为极具人文性的学科，也具有育人的作用。而国学经典，是前人智慧的结晶，更是蕴含丰富的品德教育内容。在学习语文知识的同时，结合国学经典的诵读理解，让学生的道德品质还有能力，都能够得到培养，形成更加优质的道德习惯修养。

所以说，将语文教学和经典诵读相互融合，能有力促进学生阅读能力、朗读能力和表达能力的提升，能丰富学生的记忆积淀，扩大识字量，同时，还能培养学生良好的道德品质，对学生成长意义重大。

三、小学语文教学与国学经典诵读融合策略

（一）合理安排时间，在课堂有机渗透

在实践中，我们觉得，可以把国学经典诵读安排在语文课程的教学当中去，每天课前用三分钟，每周用一节课，使学生能够有更多的时间来接触国学经典，并且在教师引导之下反复诵读经典，教师也可及时对其进行指导。这样，能够帮助学生更好地诵读国学经典。同时，在进行语文教学的时候，教师也需要引入国学经典。比如在成语教学的时候，引入经典的语句或成语故事，让学生充分地了解一些比较常用的成语，加深理解，也让他们更加喜爱国学经典。

（二）合理安排诵读内容，提升诵读质量

在开展经典诵读时，语文教师必须要合理地选择文章，要根据不同年级段

的学生的实际认知理解水平，对国学经典内容进行合理的安排，促使学生的诵读和语文教学能够相辅相成。

一年级的学生是进行国学启蒙最重要的时期，可以引导学生学习启蒙读物，比如《三字经》等。二年级的学生对《三字经》的了解已经相对较为熟悉，这时候可以诵读进一步的课程，比如《千字文》等。三年级的学生大多有了一些比较积极的自主学习能力，并且逐渐形成思维能力，所以可以让学生尽量阅读一些比较具有一定思维力度的国学经典，比如《笠翁对韵》《朱子童蒙须知》等，让学生可以树立正确的三观。而四年级的学生可以诵读一些比较经典的内容，比如《论语》《唐诗三百首》等，让学生能够塑造更加优质的修养。五年级的学生可以读一些《诗经》《大学》相关的节选，让学生能够充分地感受到经典文化精粹，同时也可以让学生对于国学经典保持更加高昂的兴趣。六年级的学生有很多都可以独立理解国学经典，让这些学生诵读比较短篇的一些国学经典或是古文是比较科学的，比如《朱子家训》《陋室铭》等，让学生的阅读能力得到培养。不仅如此，教师通过营造班级文化的方式融入文学传统元素。如构建有传统文化的班级文化，同时也可以组织更多的和传统文化有关的主题活动，比如如何孝顺父母以及如何做一个感恩的人等。使学生能够真正地认同我国的一些经典的传统文化，不仅如此，将二者之间的融合变得更加全面科学，也能够产生非常积极的意义。

（三）注重感悟巩固，发挥国学经典诵读价值

小学生因为其自身阅历或者是理解能力等各方面受到了一定的限制，对比较深奥的经典背后所存在的含义往往很难深层次地进行理解。而事实上，小学语文在教学的过程当中对这方面的要求相对较为简单，在进行国学经典诵读的时候也不用提高要求，我们不需要让学生充分地了解其中所包含的意思、了解其中所讲述的道理。只需要促使学生有一定的感悟，从而使学生能够形成教育基础的品德观念以及价值观念，让学生明辨是非即可。

另外，在语文教学中，我们要善于引导学生将经典诵读与语文学习结合，比如在作文写作的时候，可以帮助学生尽量把平时诵读积累的一些经典内容和作文写作相结合，提升学生的写作质量。不仅如此，教师完成作文教学的过程当中，也可以布置一些比较典型的主题作文，比如《读〈亡羊补牢〉后》让学生可以把诵读国学经典的感悟通过作文的方式进行记录，同时也可以尽量加深学生对于国学经典方面的感悟。这对于帮助学生提升其作文水平能够起到极其重要的影响意义，也可以促使国学经典诵读以及小学语文教学相互融合在一起。

（四）注重课堂教学合理渗透，充实语文教学内容

在进行小学语文教学的时候，在夯实学科知识的同时，应把经典内容无痕渗透融合，贯穿于学科教学全过程。在课堂上，发挥学生主体作用，丰厚他们的知识素养、培养他们的家国情怀，让学生感受传统文化之美、享受学习成长之乐，建设有知识、有传统、有深度、有温度的语文课堂。

以六年级下册第一单元教学为例。此单元根据"百里不同风，千里不同俗"进行编排，编排的主要目的是为了让孩子能够了解祖国不同地方的特色与风俗、感受不同地方的风采、体会不同的生活趣味，因此，教材精选了《北京的春节》《腊八粥》《古诗三首》《藏戏》四篇课文，而单元的习作是写家乡的风俗。

结合单元的编排设计及教学重点，在教学这一单元时，我们设计了一个"我爱中国传统节日"的语文综合实践活动。活动以小组为单位，选取小组成员喜欢的一个传统节日进行语文综合活动。活动内容包括：①传统节日的由来。②多彩的传统节日风俗。③诗词中传统节日文化。④传统节日，我的至爱。⑤我写传统节日。其中，第①点和第②点的设计目的是运用五年级下册已学的搜集资料方法，如查阅图书、网络搜集、请教他人等方法，搜集相关的图文资料整理成PPT，在班级进行分享交流。这也同时完成了习作的第一步——写前查找资料。活动内容第③点的设计目的，一方面是为了让学生在中国诗词中感受传统节日的文化特色，完成《古诗三首》课后延伸目标"还有一些古诗也写了传统节日和习俗，查找资料了解一下"，另一方面是引导学生积累背诵，习有所得。活动形式可进行诗词大会比拼；可诗词配画（书画结合）板报展示；可诗改文，运用自己的语言，将诗词中传统节日文化特色及诗人想表达的情感传达给读者。活动内容第④点的设计目的，是将本单元的作者的写作方法"如何详写主要部分"运用于表达自己对传统节日至爱部分，流露自己对传统节日的赞美之情、喜爱之情。活动内容第⑤点的设计目的，是综合前四项活动内容，紧扣本单元习作要求"分清主次，抓住重点写出特点"，整合成文，表达学生对传统节日的喜爱之情，弘扬中国传统节日的优秀文化。此教学设计，将传统文化国学经典与语文学习无痕融合，让语文教学更加充实丰厚，也

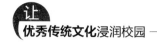

更有实效。

又比如学习古诗《九月九日忆山东兄弟》，老师可以先让学生自己去收集有关重阳节的来历、重阳的习俗及有关重阳的诗词故事等，在课堂上让学生说一说，老师也适当播放一些有关视频，这样不但能够寓教于乐，同时，利用这样的教学手段也可以让学生在实际学习的过程当中能够收获知识，让他们对我国的传统文化更感兴趣。

四、结束语

有经典，最语文。在进行小学语文教学的时候，专业的语文教师，我们应充分认识国学经典的重要性，将小学语文教学与国学经典诵读科学地融合，用国学经典的丰厚养分滋养学生，为其语文学习、品德形成铸牢根基，更为其未来发展打开更为广阔的天地。

参考文献

［1］何汉兰.小学语文教学中诵读国学经典的实践分析［J］.课程教育研究，2020（13）.

［2］孙顺合.小学语文教学中诵读国学经典的实践［J］.课外语文，2020（3）.

［3］陆洋.小学语文教学中国学经典诵读指导策略研究［J］.小学生作文辅导（语文园地），2020（9）.

［4］郑妹芳.国学经典诵读在小学语文教学中的实施研究［J］.考试周刊，2020（11）.

语文学科渗透中华传统文化教育的方法

谭慧清

泱泱中华，历史悠久，文明博大。中华民族在几千年历史中创造和延续的中华优秀传统文化，是中华民族的根和魂。但近些年，随着时代的发展和经济的进步，我们的传统文化却在一步一步丢失。习近平总书记反复强调：在新时期必须大力弘扬中华优秀传统文化，提高民族道德素养，更好地推进中国特色社会主义建设。中华传统文化包括很多方面，与我们的生活息息相关。从小学习传统文化，既培养学生的爱国情怀，又规范其思想品德，是培养学生人文素养最有效的教育。因此，将中华优秀传统文化融入各学科的教学实践中，使学生得到中华优秀传统文化的熏陶和感化，是提升学生人文素养和优秀传统文化素养最有效的方式与方法。在语文教学中，如何渗透中华传统文化教育呢？以下是我的一些做法：

一、课前诵读《千字文》

《千字文》既是一部流传广泛的童蒙读物，也是中国传统文化的一个组成部分，它涵盖了天文、地理、自然、社会、历史等多方面的知识，是一部很好的诵读教材。课前，我坚持带着学生一起朗读，配乐读、小组读、全班读、表演读、看视频等，通过多种形式的朗读，学生朗朗上口，甚是喜欢，较好地感受中国古代文化精髓，提高国学知识。

二、学习小古文

小古文是适合儿童阅读，浅显易懂，篇幅短小的文言文。学习小古文，不仅可以让学生初步体会传统文化的美感，培养语感，还能提高学生语言运用的能力。三年级语文教材里已出现简单、短小的文言文。为了激发学生学习小古文的兴趣，我鼓励学生积极参与班级组织的"小古文主讲"活动。学生在老师和家长的指导和帮助下，通过找资料、做PPT，为自己主讲的内容做好充分的准备。例如：小张同学当小老师，为我们主讲《铁杵成针》的小古文，PPT制作精美，内容丰富，讲解清楚，学生们听得明白，大家对小张同学的表现赞不绝口！学习能力就是在这样的平台中磨炼出来的。

三、学习中国传统节日文化

中国传统节日，形式多样，内容丰富，是中华民族悠久历史文化的重要组成部分。它不仅清晰地记录着中华民族先民丰富多彩的社会生活文化内容，也积淀着博大精深的历史文化内涵。作为中华儿女，必须清楚地知道自己国家的传统节日有哪些以及这些节日的习俗。我结合语文教材里的单元综合性学习内容——中华传统节日，组织学生比较完整地了解这些节日的时间和习俗，借助多媒体观看节日的故事，知道节日来历以及传说，加深对传统节日的了解。课后，学生分小组合作完成综合实践活动——中华传统节日文化知多少，他们合理分工，团结一致做出了图文并茂的手抄报和PPT。通过在班里展示，学生更充分地认识我国的传统节日文化，学生变得更自信了，团队合作意识更强了。

四、二课堂特色活动

二课堂是我们学校的特色教育，我们在每周两节的特色教学课堂里，带领学生徜徉于古诗词与国学经典的学习之中，学生受益匪浅。

1. 学习古诗

古诗词是中华传统文化的瑰宝，诵读古诗词对于提升人的境界，丰富人的内涵，开阔人的胸襟，启迪人的智慧，有着极其重要的作用。课堂上，我带领学生吟诵唐诗，借助婷婷唱诗古文软件，让学生跟着音乐旋律唱诗，感受古诗的韵律之美，学生会情不自禁地边做动作边唱诗，学习氛围可好了！唱诗完毕，当学生对古诗有一定的理解之后，我会让他们动手写一写，画一画，给古诗配画。学生兴致很高，在愉悦轻快的轻音乐中，认真地作画，享受学习带来的快乐。

2. 学习国学经典

国学经典作为民族精神的重要载体，字字珠玑，内涵深厚，是人类知识的结晶和智慧的源泉。我按照教材内容，认真教授每一课，遵循"朗读—讲故事—再读—理解—诵读"的教学模式，带领学生感受古代历史文化，领略国学的魅力。对于三年级的学生，学习这些国学经典有一定的难度，如朗读起来有点拗口，理解起来有点离他们太远等等，但我们旨在让学生接触和感受国学文化，至于每个学生领悟的程度如何，我们不做硬性要求。

五、读书节展演

经过一学年在语文教学中渗透中华优秀传统文化教育，学生在传统文化方面有一定的积淀，对自身品格培养也有一定的帮助。适逢学校读书节，我们借此契机，组织学生参加诵读经典，唱红歌的活动。我们认真准备，反复排练，最后我们班以诵读《千字文》和吟唱《千字文》荣获一等奖。通过比赛，学生更喜欢学习传统文化，爱国情怀更加浓厚了。我相信只要坚持下去，学生们耳濡目染，日后必定厚积薄发，为传承中华文化，坚定文化自信而打好扎实的基础。

在语文教学中渗透中华传统文化，将其蕴含的民族文化和民族精神扎根在学生心灵深处，让他们真正从优秀传统文化中汲取精神营养，形成积极的人生态度，全面提升人文素养。

参考文献：

［1］翟博.加强中华优秀传统文化教育［N］.中国教育报，2017-8-31.

［2］王晓洁.浅谈开展中华优秀传统文化教育的意义和途径［N］.阳泉日报，2018-12-2.

粤港澳文化大融合背景下儒道文化在小学语文教学中的应用路径探究

张少丽

一、引言

粤港澳文化大融合基于粤港澳大湾区的形成而逐渐兴起的文化趋势，粤港澳三个地区聚集着广州、深圳、珠海等多个城市，以及香港、澳门这两个特别行政区。粤港澳之间由于历史、政治等造成了诸多差异，要想在新时期推动粤港澳大湾区各城市地区之间的合作交流，文化融合是不可或缺的前提。追溯中国漫长的历史发展历程，儒道文化在其中扮演着至关重要的角色，将儒道文化融入粤港澳文化大融合背景，能够更好地促进粤港澳文化的融合，进一步实现粤港澳大湾区的建设。而要想发挥儒道文化在其中的作用，必须从教育入手。

二、在小学语文教学中应用儒道文化的必要性和可行性

1. 儒道文化能够起到文化大融合的纽带作用

之所以要在小学语文教学中应用儒道文化，关键是儒道文化在中国历史

长河发展中，早已植入民族精神与民族价值观念。儒道文化能够在文化大融合中起到纽带作用，更好地强化粤港澳不同城市和地区之间的归属感和民族认同感。而在小学语文教学中应用儒道文化，能够从教育入手，从小培养粤港澳地区学生的爱国主义情怀和民族情怀，让他们在儒道文化的学习中树立正确的世界观、人生观和价值观。

2. 儒道文化的渗透能提升学生的人文素养

儒道文化历经千年的发展，不仅拥有深厚的文化底蕴，也表现为丰富多彩的文化形式，广泛遍布于文学、哲学、艺术、书法、中医等传统文化形式中，学生通过语文学科这一切入点，了解和学习儒道文化，不仅可以提升自己的人文修养，更能在儒道文化中汲取智慧。例如，儒道文化中广泛蕴含着德育资源，学生在学习儒道文化过程中，产生民族自豪感和文化认同感，学会孝敬父母、尊敬师长，在学习中不仅收获了文化知识的积累，更提升了自我的道德修养和人文素养。

3. 儒道文化在小学语文中的应用可以提升学生的语文水平

语文是小学教育中的重要学科，从考试角度来看，学生在未来几乎所有的升学考试中都需要应用语文。从学生的自我发展角度看，语文关系到学生言语表达能力、观察能力、理解能力等方面的培养，对学生有着终身的影响。因此，语文学科的重要性不言而喻。学生学习儒道文化能加强对语文素材的拓展和积累，为阅读和写作学习打下牢固的基础。

4. 语文作为一门人文性质学科富含儒道文化资源

从可行性的角度来看，在小学教育中，语文学科比任何一门其他学科都更适用于儒道文化的渗透。一方面，语文究其根本需要学习的是我国民族的语言，而汉语本身就深受儒道文化的影响。例如，不少成语都来源于儒道文化的相关典故，如谈笑有鸿儒、风流儒雅等。另一方面，小学语文教学内容也包含了不少儒道文化，例如文言文、古诗词等方面的学习。因此在小学语文教学中应用儒道文化，更加切实可行。

三、在小学语文教学中应用儒道文化的可行路径

1. 学校可以组织教师结合粤港澳文化大背景制定语文校本教材

要想在小学语文教学中更好地应用儒道文化，使得小学语文教学能适应粤

港澳文化大融合的背景，学校可以组织语文教师围绕粤港澳文化大背景和儒道文化编订校本教材。虽然当前学生的语文教材也是严格按照国家素质教育培养理念编订的，但我国幅员辽阔，各地文化差异较大，学校可以组织教师根据实际情况编订校本教材。校本教材要符合以下几个要求，首先要与教育部指定的教材紧密联系，不能忽略原有教材，而是要在原有教材的基础上体现当地教学与地区文化的特色。例如，部编版小学语文一年级教材上有一篇课文是《我们都是中国人》，校本教材上可以将儒家文化中体现爱国精神的故事作为补充，如儒家代表人物荀子提出的天下为一的故事，让学生明白爱国理念在几千年的中华文化传承中早已经植入每个中国人的内心，而不是一句空泛的口号。

2. 当地有关部门可以组织不同地区学生围绕儒道文化开展语文活动

粤港澳大湾区中的各个城市或地区的有关教育部门，可以组织不同地区的学生围绕儒道文化开展与语文相关的活动。例如可以以儒道文化为主题，展开在线联盟的文学知识竞赛，从城市和地区之间的学生通过比赛、竞争和交流，形成文化之间的碰撞与融合，不仅有利于激发学生学习儒道文化的动力，也能让学生将儒道文化与语文知识联系在一起，同时也能更好地加强大湾区人们的交流与认同感。

3. 结合语文教学内容，丰富儒道文化渗透的形式

小学语文老师在教学中应用儒道文化时，还要注意丰富儒道文化渗透的形式。这是由于小学语文教学面对的主体是一群儿童，而儒道文化相对来说具有较为深厚的底蕴，抽象性和难度较大，要想小学生对此产生兴趣，需要丰富教学形式，以趣味多样化的教学形式优化教学成效。首先，教师可以根据学生的年级、年龄等选合适的儒道文化教育资源，例如一、二年级的学生可以读诵《弟子规》《三字经》等，这些蒙学经典原本就是儒道文化关于儿童启蒙的教育读本，适合学生读诵。而中高年级的学生，可以接触唐诗宋词、四大名著中关于儒道文化的阅读。其次，语文教师可以让学生通过有趣的形式学习儒道文化，例如，可以利用学校第二课堂的平台，让学生通过演绎法进行四大名著的阅读，如节选刘备托孤的故事，让学生分组扮演故事中的角色，在表演中帮助学生更好地理解《三国演义》中的内容，但是在这一过程中引导学生感受古代君臣之间的关系，理解其中的儒家文化。最后，语文教师可以借助希沃白板等现代多媒体技术，在语文课堂中进行儒道文化的教学。例如，可以将儒道文的内容以动画片、微课的形式展现在学生面前，不仅可以激发学生的兴趣，也能增强学生对其的理解。

4. 校园班级营造合适的儒道文化氛围

此外学校班级要营造合适的儒道文化氛围，对于小学语文教学而言，学生要开展广泛的阅读，才能积累语文素材，更好地应付未来的阅读和写作。因此，学校或者班级要设立阅读角，教师可以更多地在阅读角放置一些儒道文化的书籍，并引导学生进行摘抄和写读书笔记。同时，语文教师可以让学生轮流值日，在黑板的右下角写上一句和儒道文化有关的诗句、成语等，让学生在潜移默化中受到儒道文化的熏陶。

四、结语

粤港澳文化大融合背景下，要想更好地促进不同城市和地区之间的融合，必须增强城市和地区之间的文化认同感。而儒道文化作为维系中华民族几千年文化传承的重要纽带，应该在教育中得以应用。小学语文教学应用儒道文化，不仅能够更好地适应粤港澳文化大融合的要求，也能更好地培养学生的道德修养、人文修养和语文水平，为终身发展奠定良好的基础。

参考文献

［1］江灿.在小学语文课程中融入优秀传统文化的教育策略［J］.天天爱科学（教育前沿），2021（5）.

［2］陈永登.传统文化教育在小学语文阅读教学中的融入［J］.参花（下），2021（3）.

［3］吕劲莲.浅析加大小学语文国学知识比重的长远意义［J］.课外语文，2021（6）.

［4］李晖延."体验式"传统文化教育的实践探索［J］.中小学德育，2012（3）.

第二章　数学教学

第一节　教学案例

"烙饼问题"教学设计

陈巧花

【教学内容】

义务教育课程标准实验教科书（人教版）四年级上册。

【教学目标】

（1）基础知识：通过简单事例，使学生初步体会优化思想在解决问题中的应用，形成寻找解决问题最优化方案的意识，并尝试寻找解决问题的最优化方案。

（2）基本思想：使学生在解决问题中初步体会优化思想。

（3）基本技能：通过观察、操作、比较、讨论、思考等活动，寻找规律，培养学生解决实际问题的能力和科学探究的精神。

（4）基本活动经验：通过探究活动，让学生体验探索和合作的乐趣，充分感受数学与生活的密切联系，培养学生合理安排时间的良好习惯。在教学中渗透中华饮食文化，弘扬中华传统文化。

【教学重点】

初步体会优化思想的应用。

【教学难点】

（1）寻找解决问题最优方案，提高学生解决实际问题的能力。

（2）情感态度和价值观：通过探究活动，让学生体验探索和合作的乐趣，充分感受数学与生活的密切联系，培养学生合理安排时间的良好习惯。

【教学准备】

课件、纸锅、彩色圆形图片、表格、练习题纸。

【教学过程】

（一）情境引入

导入新课：同学们，饮食文化博大精深，有着悠久的历史，民以食为天，中国人可以说是世界上最重视饮食的国家，中国菜品之多、种类之繁，各大菜系都有特色的手艺，色、香、味、美，更体现出了中国的饮食文化，烙饼是我国传统美食之一、烙饼也是人和美食的结合，"缙云烙饼"亦称"桶饼"，历史悠久，世代传承，久负盛名，为缙云民间一大著名特色小吃，常常是烙饼摊前排着长龙等候美食，烙饼美食怎么烙更快，更合理？在烙饼的过程中藏有什么数学问题呢？

同学们，你看，妈妈正在做自己的拿手绝活——烙饼呢。

你们知道怎么烙饼吗？有的同学可能不太清楚，没关系，我们先看一段视频，请你一边看一边想，一张饼要烙几面，烙几次才能烙熟。开始。

你们找到答案了吗？一张饼要烙几面，烙几次才能烙熟呀？谁来说说？你真会观察。你们瞧，这烙饼里面还有很多知识呢，这节课我们就一起来研究。

（二）自主探索，探究烙法

1. 解读信息，理解烙饼规则

（1）请你仔细观察，从图中能找到哪些和数学有关的信息呢？你说得很完整。

（2）锅里只能有两张饼是什么意思呢？（老师用学具一边说，一边摆出教具）你的意思就是锅里面最多就能同时放两张饼。

两面都要烙呢？（一张饼的正面要烙，反面也要烙）师强调：为了表达方便，我们可以把先烙的一面叫作正面，后烙的一面叫作反面。

2. 探究2张饼和3张饼的最佳烙法

1）自己动手试一试

师：2张饼怎么烙最快？（稍停一会儿）3张饼怎么烙才能尽快吃上饼呢？请你拿出圆片，这就是我们的饼，把数学书当成锅，自己烙一烙，试一试。

老师下去巡视。

2）小组交流

师：把你的烙饼方法在小组内交流一下。

3）汇报择优

（1）先说2张饼

生：我用了12分钟。师：你怎么烙的？哦，我听明白了，你的意思是说1张1张地烙，是这样吗？还有更快的方法吗？生：我用了6分钟。师：只用了6分钟就烙熟了，你是怎么烙的？生：两张一起烙。师：请你到前面老师的锅里来烙一次吧。学生演示。

师：你们说这个方法好吗？好在哪里呢？原来2张饼同时烙这么节省时间呀。那我们把它记下来。

师：你觉得哪种方法好呢？好在哪里？（因为节省了时间）

老师板书：2张饼的方法、次数、时间。

（让学生从两种方案中比较得出：第二种方案好，原因是节省时间，只需要6分钟就可烙好两张饼，从而让学生初步体会到优化思想在解决问题中的应用）

（2）再说3张饼

师：来听听大家都用了多少时间？

生：我用了12分钟。

师：还有同学也用了12分钟的吗？请你上来在老师的锅里烙一烙，好吗？（学生演示，老师记录方法）大家看，他是先同时烙2张，再单独烙1张，是这样吗？

同学们他烙了几次？每次都是3分钟，一共用了12分钟。

师：还有更快的方法吗？（9分钟）只用了9分钟就把饼烙熟了。请你上来烙一烙，我们一起来看看。（老师记录）

你们看明白了吗？那你快和同桌用这种方法互相烙一次。你们都烙熟了吗？

4）集体交流，对比择优

师：同学们，都是烙3张饼，为什么第二种方法用的时间少了呢？

师：他是怎样做到烙3次就把饼烙熟的呢？（请学生说）

师：哦，我听明白了，你的意思是不是……

就像同学们说的那样，要想最节省时间，我们就要保证锅里始终要有两张饼。

同学们，你们又从不同的方法中选出最节省时间、最合理的方法。可真厉害。

5）记录方法

师：9分钟的这种方法也是烙3张饼的最佳方法，我们给它起个名字，交叉烙。

3. 研究5张最优烙法

研究5张最优烙法，解决分组的问题。

师：同学们，刚才我们研究了烙2张饼和烙3张饼的最佳方法，其实呀2张同时烙和3张交叉烙都是基本的烙饼方法，可以用它们来研究如何能烙更多张饼。

师：5张饼怎么烙最节省时间呢？

预设2种情况：

1）分组

第一种情况，生：分成2张、2张、1张。

师：还有其他的分组方法吗？生：分成2张和3张。（老师板书）

师：我们来比较看看这两种方法，都是先把2张饼同时烙，不同的是后面。这3张饼是交叉烙比较快呢，还是先烙2张，再烙1张快呢？

如果剩下了3张饼，怎么烙最快？

师：那烙了几次？多少时间呢？

第二种情况：学生只能说出分成2张、2张和1张。用教具引导学生锅里只烙一张饼，浪费了时间。

2）计算时间

师：那要烙几次，时间是多少呢？

大家真会学习，可以用学过的知识来解决新的问题。

4. 填写4、6、7、8、9张饼的最佳方法

（1）填写4、6、7、8、9张饼的表格。

师：同学们，那更多张饼你会烙吗？怎么烙才节省时间？我们在小组内接着研究好吗？

（2）谁来汇报一下你们组的成果。预设两种情况：

① 第一种大部分学生方法写得不正确：锅里可以同时烙4张饼吗？那4张饼怎么烙，怎么书写，才能表示得更清楚？7张饼的方法可以怎么修改？投影修改。

请你在小组内快速修改一下，再仔细观察，你们能发现什么规律。

② 第二种情况学生写得正确：直接找规律。

找四个组的代表上来汇报。

老师先教会6张饼的代表怎么汇报。我汇报烙6张饼，分成3组，第一组2张，第二组2张，第三组2张，要烙6次，18分钟。

（3）请你仔细观察表格，饼数、次数、时间、方法之间有什么联系吗？

（三）巩固应用，深化理解

知道了这些规律，你能快速的说出随便烙几张饼，怎样烙最节省时间吗？

（1）如果有10张饼，怎样烙？需要几分钟？如果有11张饼，怎样烙？需要几分钟？其实生活中有许多问题都和烙饼类似，比如说煎鸡蛋。

（2）锅里只能放两个鸡蛋，煎一面需要2分钟，煎15个鸡蛋最少需要（　　　）分钟。

（3）拓展。设假如这个锅再大一点，每次最多能煎3个鸡蛋，怎么煎鸡蛋，才能最节省时间呢？这个问题就留给同学们课后去思考。

（四）总结延伸，拓展思维

同学们，这节课就快结束了，谁能说一说，你有哪些收获呢？

看来大家的收获真不少呀。你知道吗？数学家华罗庚爷爷也研究过中华传统美食文化中的烙饼问题呢，烙饼问题被称为统筹安排的问题。老师希望同学们都能用今天学到的知识合理安排自己的学习和生活，做一个珍惜时间的人。

"有趣的长度单位"教学设计

黄英华

【教学目标】

（1）梳理单元知识点，尤其是学生易错的知识点。

（2）会准确规范测量线段的长度，并画出规定长度的线段。

（3）了解长度单位相关的数学历史，渗透中国传统文化教育。

【教学重难点】

会准确规范测量线段的长度，并画出规定长度的线段。

【教学过程】

（一）故事导入，激发兴趣

同学们，早上好。很高兴和大家一起来上一节网课：有趣的长度单位。

同学们，喜欢听故事吗？下面老师给你们讲一个故事，名字叫作《郑人买履》。

履：就是鞋子的意思。

故事内容：古时候有一个郑国人要去买鞋。他在家量好了尺码，然后把尺码放在凳子上。结果匆匆忙忙出去时，忘记把这个尺码带上身。去到鞋店里准备买鞋时，发现尺码没有带。然后对店主说我今天忘记带尺码了，等我回去把尺码拿过来再买。然后又匆匆忙忙地赶回家。等他再一次赶到鞋店时，鞋店已经关门了，因此他没有买到鞋，感到很沮丧。旁边的大婶问他："你为什么没有买到鞋呢？"那个人说："我忘记带尺码了，所以没办法买鞋。"大家听了都哈哈大笑起来。

同学们，你知道大家为什么笑他吗？

生：因为没有尺码，还可以用脚去量啊！用脚试一试，不就知道鞋子合不合适。

（二）复习旧知，巩固基础

1. 身上的"尺"

在古时候，人们就利用身体的一部分作为测量长度的单位。比如说。一拃、一庹，或者一脚长。

同学们，量一量你自己的一拃有多长？

结果发现每个人的一拃都不一样长，那么在测量同一个物体长度时就会出现误差，也不行。所以后来人们就统一了长度单位。

2. 复习厘米和米、线段

（1）同学们，我们学过哪些长度单位？能用手比画一下吗？举例说说厘米和米，分别用来测量哪些物体的长度。（测量较短的物体通常用厘米做单位，测量较长的物体通常用米做单位）

我们还知道米和厘米的进率：1米=100厘米，100厘米=1米。

小练习：

括号里填上什么长度单位呢？

餐桌的高76（厘米）

婴儿床的宽70（厘米）

大人床的长2（米）

爸爸的身高175（厘米）或（1米75厘米）

小树高90（厘米）

大树高9（米）

（2）复习直尺测量长度的方法以及注意事项。

把尺的"0"刻度对准物体的左端，再看物体的右端对着几，右端的数字，就是这个物体的厘米大小。

小练习：请你说说如何量橡皮擦的长度？（如图2-1）

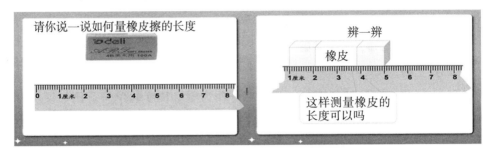

图2-1

（3）复习线段的特点是什么？如何测量线段长度以及如何画出规定长度的线段？（如图2-2）

线段的特点：

①线段是直的。

②线段有两个端点。

③线段可以测量出长度。

小练习：

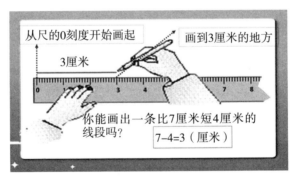

图2-2

（三）了解历史，渗透文化

1. 数学趣事

李四光是我国著名的科学家。他为了估测需要，练习每步都走80厘米。时间久了，走路的样子都与其他人不同。被十几年不见的学生从背后一眼就认出了他。

2. 历史上的各种"长度单位"的由来

（1）腕尺：闻名于世的胡夫金字塔，就是以胡夫国王钦定腕尺作为标准修建的。

（2）1英尺、1码、1英寸是怎样规定的？

（3）唐太宗李世民规定，以他的双步，也就是左右脚各走一步作为长度单位，叫作："步"（如图2-3），并规定一步为"五尺"，三百步为"一里"。后来又规定把人手中指的当中一截的长度定为1"寸"。

图2-3

（4）古代的"尺"和"寸"。

《孔子家语》中有"布手知尺、布指知寸，舒肘知寻"的说法。

"布手知尺"是指中等身材的男人伸开大拇指和中指，指尖之间的距离为一尺（即一拃）。而女子的手一般小于男子，古人管女人拇指指尖到食指指尖的长度叫"咫尺"。

古时民间常用的书信，宽"一尺"，于是书信的别名都和"尺"挂上了钩，"尺牍（dú）""尺卷""尺笺（jiān）""尺函""尺素"等，看来书籍和"尺"的关联自古有之，至如今，我们用"一拃"丈量一下32开书的长度，或者16开书的宽度，也是一尺左右。

"布指知寸"是说中指节上的横纹间的距离叫作一寸，"寸"的不同文字写法，如图2-4。

"舒肘知寻"是说两臂伸展后的长度叫一寻（即一庹）。

图2-4

（四）总结

现在我们学过的长度单位米、厘米，是怎样产生的呢？还有即将学习的长度单位分米、毫米、千米和光年又是怎样确定的呢？同学们可以课后去查阅相关资料。

（五）课堂作业

1. 填空

（1）爸爸的身高是1（　　　）75（　　　），我的身高是（　　　）。

（2）在下面的尺上（如图2-5）：从刻度线0到刻度线1，长度是（　　　）厘米；从刻度线3到刻度线8，长度是（　　　）厘米；从刻度线6到刻度线3，长度是（　　　）厘米。

图2-5

（3）一支粉笔长约7（　　　）；教室的门高约2（　　　）；

一棵树高约9（　　　）；一支牙膏长约8（　　　）；

一块橡皮长约6（　　　）；学校操场长约80（　　　）。

（4）28厘米+72厘米=（　　　）厘米=（　　　）米

1米+78厘米=（　　　）米（　　　）厘米

（5）桌子的高度比1米短20厘米，桌子高度为（　　　）厘米。

（6）按要求排队。

98厘米、10厘米、1米、72厘米、10米

（　　　）<（　　　）<（　　　）<（　　　）<（　　　）

2. 画一画

（1）画一条长3厘米的线段。

（2）画一条比8厘米短3厘米的线段。

3. 估一估

我的大拇指大约长（　　　）厘米

我家的窗户大约高（　　　）米

作业本大约长（　　　）厘米

餐桌大约高（　　　）厘米

我家的客厅大约长（　　　）米

【板书设计】

有趣的长度单位

一拃(zhǎ)　　　一步　　　一庹(tuǒ)

厘米　测量较短物体

米　测量较长物体

1米=100厘米

"年、月、日"教学设计

李丽珍

【教学内容】

人教版三年级下册数学76—79页。

【教学目标】

（1）引导学生认识时间单位年、月、日，知道大月、小月的知识，了解平年、闰年的知识。

（2）通过观察、思考，记住各月与平年、闰年的天数，能判断平年、闰年，并能运用所学知识解决简单的实际问题。

（3）培养学生的观察能力和思维能力，引发学生对自然界的探究欲望，激发对传统文化的兴趣，提升民族自豪感。

【教学重点】

探究发现年、月、日之间的关系。

【教学难点】

发现并掌握平年、闰年的判断方法。

【教学过程】

（一）导入新课

（1）时间单位你知道哪些？（时、分、秒等）今天是哪年哪月哪日？

（2）关于年、月、日的知识你知道哪些，还想知道些什么？

（二）探究新知

1. 介绍年、月、日

（1）课件演示。地球绕太阳转一周的时间是1年，月球绕地球转一周的时间是1月，地球自转一周的时间是1日，像这样依据地球自转和围绕太阳转的现象，人们称为年、月、日。地球绕太阳转一周的时间是365天5小时48分46秒。

（板书：年、月、日）

（2）你是怎样理解年、月、日的？（如：我们学习、生活一天，一天也叫1日；每月1日开始到月末就是1个月，从元旦节到12月31日就经过1年）

（3）介绍郭守敬与《授时历》。郭守敬是元朝最著名的科学家，根据大量观测的资料，他主持编制了新历法《授时历》，并从1281年起在全国颁行，《授时历》推算精确，以365.2425天为一年，如果以小时计算，是365日5时49分12秒，比地球绕太阳公转一周的实际时间，只差26秒，经过3320年后才相差一日，这个发现比欧洲国家早了近400年！

（4）小组讨论：1年少算了多少时间？如果估算为6小时，4年少算了多少时间？怎么办？每4年多出的一天加进去，算作闰年。

（板书：平年365天、闰年366天）

2. 认识大月、小月

（1）观察年历，闰年多加的1天放在哪个月？31天的月份有哪些？30天的月份有哪些？

1月、3月、5月、7月、8月、10月、12月是31天

4月、6月、9月、11月是30天，

平年2月有28天，闰年2月有29天。

（2）介绍左拳记忆法。伸出左手，握成拳头，手背朝向自己，用右手的食指沿左手食指关节凸出处数起，凡关节凸处为大月，凡关节与关节之间的陷处为小月，其中二月为平月。月大为31天，月小为30天，月平为28天（二月），于是有了"一月大，二月平，三月大，四月小……"的口诀。注意，数到七月后要回到食指关节凸出处，重新开始数八月大、九月小……这样七月、八月连续两月是大月。

（3）介绍2月天数的传说。相传罗马帝国，当时被判死刑的犯人都是集中在二月执行，所以人们就希望这个月能够稍微短一点。凯撒大帝将二月减去一天，改成29天。原本29天的二月后来之所以又会变成28天，据说是另一个罗马帝王不满自己出生的八月是个小月，所以就将八月改为了大月。而八月变大月后多出来的一天就需要另找地方扣除，最后这被扣除的一天也落到了二月身上，所以二月就变成了28天。不过由于闰年的存在，原本只有28天的二月份每隔四年就会变成29天。

3. 判断平年、闰年

（1）小组探究判断平年、闰年的方法。

观察1997—2008年年历，几年有一个闰年？闰年年份与4有什么关系呢？分组计算验证。

板书：年份除以4刚好是整数的年份是闰年。

既不看全年天数，也不看二月的天数，也可以判断出平年还是闰年。

（2）判断1900年是平年、闰年。

计算初步判断以为1900年是闰年。

用1900年年历验证发现1900年是平年。

（3）介绍"百年不闰"的道理。

四年出现一个闰年时，但时间并不是整整24小时，所以四年一闰又多算了

44分56秒。按这样计算，每一百年就多算了18小时43分20秒，又将近一天。所以，到公元整百年时，这一年不算闰年，以抵消多算的时间。

1900年八国联军侵华，清朝政府被迫签订了丧权辱国的《辛丑条约》，我们青少年要在中国共产党领导下奋发图强，为中华民族"奋斗百年路，启航新征程"而努力！

整百年份除以400刚好是整数的年份是闰年。

（三）拓展运用

（1）2021年，一月、二月、三月一共有（　　）天。

（2）中华人民共和国是1949年10月1日成立的，1949年的2月有多少天？10月有多少天？

（3）四人小组合作学习，你的生日是哪天？你出生的这个月有多少天？你知道历史上有哪些杰出的人物和你同一天过生日吗？

（4）出示郭守敬、华罗庚、陈景润、毛泽东、邓小平等名人图片及出生年月，请同学们判断是平年还是闰年，名人出生的那个月有多少天？

（四）课堂总结

今天学习到了什么？你有什么收获？

【板书设计】

年、月、日

一年有12个月

大月（31天）：1月、3月、5月、7月、8月、10月、12月（7个）

小月（30天）：4月、6月、9月、11月（4个）

特殊：2月（28天或29天）

平年365天；闰年366天

年份除以4是整数的年份是闰年，整百年份除以400刚好是整数的年份是闰年。（1900年、2100年不是闰年）

"轴对称图形"教学设计

郭晓妍

【教学目标】

1. 知识与技能目标

（1）使学生通过生活中的实例进一步理解轴对称图形，探索轴对称图形的特征，能用折叠重合这样的词语准确地描述轴对称图形的特征。

（2）能识别轴对称图形，并能确定它的对称轴。

2. 过程与方法目标

在丰富的现实情境中，让学生经历观察分析、欣赏想象、操作发现等数学活动过程，来提高学生的空间想象能力和思维能力，发展其空间观念和审美能力。

3. 情感态度与价值观目标

了解中国传统文化与数学知识之间的紧密联系，知道知识来源于生活。

【教学准备】

（1）教师：多媒体教学课件，剪好的小牛、蝴蝶、小衣服、圣诞树等。

（2）学生：彩纸3张、剪刀1把、直尺1把、铅笔。

【教学重点】

（1）认识轴对称图形的特点，建立轴对称图形的概念。

（2）准确判断生活中哪些物体是轴对称图形，并能找出简单对称图形的对称轴。

【教学难点】

判断对称图形，会做轴对称图形。

【教学过程】

（一）创设情境，导入新知

师：小朋友们，知道今年是哪一年吗？（2021年）那今年是什么生肖年呢？（牛年）

［生回答，老师出示牛的剪纸图（如图2-6）］

图2-6

师：中国传统文化中的剪纸可有趣了，不仅好看，还藏着好多数学知识，想不想认识它们呢？这节课我们就和这些有趣的图形做朋友吧！

（二）探究新知，感受对称

（1）引导观察，感知对称。

老师介绍中国传统剪纸，欣赏中国传统剪纸图片，让小朋友了解中国传统文化。

中国剪纸是一种用剪刀或刻刀在纸上剪刻花纹，用于装点生活或配合其他民俗活动的民间艺术。2006年5月20日，剪纸艺术遗产经国务院批准列入第一批国家级非物质文化遗产名录。

这些图片（如图2-7）美吗？美在哪里呢？（两边对称）

图2-7

（2）认识对称。

师：这是一只美丽的蝴蝶（如图2-8），你看它对称吗？如果是，哪里对称？

图2-8

生回答。

（3）寻找生活中的对称图形。

师：在生活中哪里还见过这样的对称现象？

（4）欣赏生活中的对称图形。

师：老师也搜集了一些生活中的对称现象，请欣赏。

［课件出示生活中的对称现象（如图2-9），配乐播放］

图2-9

（5）认识对称图形的特征：请你仔细观察蝴蝶，有什么发现？

［出示课件：对折之后两边完全重合（如图2-10）］

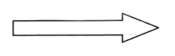

图2-10

生回答。师揭示"完全重合"，并板书。

（6）你能用双手表示"完全重合"吗？你能用一张卡纸表示"完全重合"吗？生做，师评价。

（三）动手操作，理解新知

（1）欣赏手工作品。

就是这张简单的纸，老师可以把它变成很多漂亮的对称图形，你信吗？请看老师手中的作品。（展示已经准备好的蝴蝶、小衣服、圣诞树等简单的对称图形）

（2）动手操作：做一棵圣诞树。（课件演示，教师用纸演示过程）

第一步：将纸对折，做到完全重合。

第二步：在合适的位置画出圣诞树的一半。

第三步：沿着刚才的折叠的痕迹剪下来。

第四步：打开便是一棵圣诞树。

（3）请同学们准备好你的学具剪一棵圣诞树。

生操作，师巡视。

（4）展示学生的作品，并贴在黑板上。

（5）认识对称图形。

你们真是了不起的艺术家，能剪出这么漂亮的作品。我们把这样的两边一样的图形叫作"对称图形"。

（6）你还能剪出其他的对称图形吗？

生操作，师巡视。

（7）展示学生的作品，并贴在黑板上。

（8）认识对称轴、轴对称图形

师：打开你手中的对称图形，请你仔细观察，你首先看到的是什么？

生：一条折痕。

揭示"对称轴"，并出示课件解释对称轴。

师：它通常是一条直直的虚线，并能向两端延长。请画出你手中对称图形的对称轴。

师：像这样沿着对称轴对折，两边能完全重合的图形叫作"轴对称图形"。（板书）

（四）巩固练习，运用新知

（1）下面图形哪些是轴对称图形（如图2-11）（课件出示）

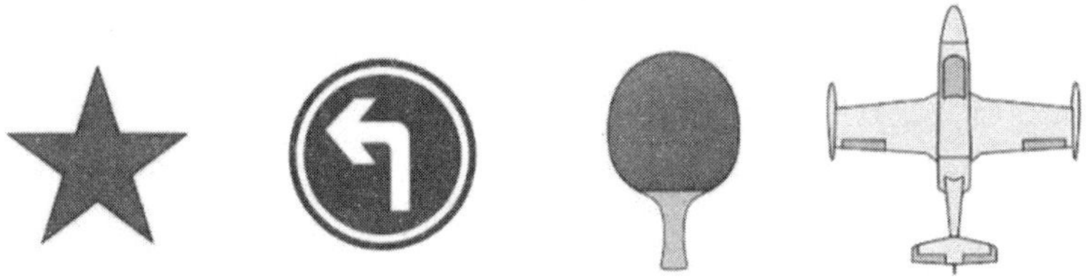

图2-11

（2）判断：下面的数字图案（图2-12），哪些是轴对称的？如果是，请画出对称轴。（课件出示）生在书本做题。

$$0\ 1\ 2\ 3\ 4\ 5\ 6\ 7\ 8\ 9$$

图2-12

（3）下面的图案（如图2-13）分别是从哪张对折后的纸上剪下来的？连一连。

图2-13

（五）回顾新知，总结提升

这节课的学习之旅即将结束，请回顾一下这节课我们学会了什么？

同学们感受到了生活中对称的美，在课堂上也剪出了美丽的轴对称图形，此时你们的心情美不美？

【板书设计】

轴对称图形

对称轴→对折→完全重合

像这样沿着对称轴对折，两边能完全重合的图形叫作"轴对称图形"。

第二节　论文荟萃

传统文化在小学数学教学中的渗透

陈婷婷

一、贯彻传统文化的要求

习近平总书记说："传统文化的基因是中国梦的魂和根。"2014年，中共中央办公厅、国务院办公厅印发了《关于实施中华优秀传统文化传承发展工程的意见》，并发出通知，要求各地区各部门结合实际认真贯彻落实。

传统文化是文明演化而汇集成的一种反映民族特质和风貌的文化，包括物质上的、制度上的和意识上的精神财富。在中国数千年的历史中，留下了许许多多优秀的传统文化，这些文化在我们的生活中，在我们的学习中，在我们的工作中都无处不影响着我们，无论是物质上，还是精神上，让我们有更加平和的生活方式，例如茶道文化，给生活增添了艺术感，使人领略到传统美德、陶冶情操。传统文化也可以让我们以更开放的眼光看待和汲取新知识，在著名的儒家思想中，我们知道"修齐治平，修身齐家治国平天下"，让我们可以有更大的格局观来看待生活上的事情，给我们带来了更多的富足感。

我们也可以从很多渠道汲取到中国优秀传统文化的精髓，例如在书籍中，在博物馆展览中，在学校学习中等都可以得到熏陶。作为一名教师，必须要了解更多的传统文化，才会有更加坚定的信仰去支撑这项伟大的教育事业。再者作为知识的传播者，也需要自己收集、筛选、甄别信息的有效性与真实性，才能去伪存真，继续传播优秀的传统文化，从而贯彻落实优秀传统文化的传承。

二、教学中哪些方面可以进行传统文化的渗透

首先教师需不断地进修，主动学习优秀的传统文化，丰富自己的文化底蕴。教师在教育教学过程中，如果对传统文化有较为广泛的认识，便可以在课堂上对学生进行传统文化知识的渗透，运用自如。

再者教师需深入挖掘数学教材，渗透传统文化教学。教材作为知识的依托，是学生学习，老师教学的重要工具。不管是哪个版本、哪个年级的数学教材，都有其科学的编排意义，教师应该深度挖掘教材中的优秀资源。例如，在一年级学生学习十进制的时候，简单介绍数学家刘徽与其著作《九章算术》，这作为知识的延伸，从长远来看，可以拓宽学生知识的宽度与广度，加深孩子更加丰富的文化底蕴与内涵。

在课程导入时，巧妙引用传统文化宝库中古代优秀数学家的故事，可以更加吸引学生的注意力，同时也让学生领会到数学家的钻研精神，从而更加积极主动地学习数学。比如，在教授六年级数学"圆的周长面积"时，可提及刘徽《九章算术》的"割圆术"，为他们讲述刘徽小时候观察石匠切割石头的故事。讲述他如何在仔细观察的过程中，发现一块方形的石头的角一个一个地切去，直到无角可切为止。到最后，刘徽就发现，本来呈现方形的石块，早在不知不觉中变成了一个圆滑的柱子。石匠打磨石块的事情，每天都在发生，但就是这样的一件小事，让刘徽茅塞顿开，看到了别人没有看到的事情。刘徽就像石匠所做的那样，把圆不断分割，终于发明了"割圆术"。刘徽从偶然事件得

到了启迪，从中联想到了计算圆周率的方法，进而发明了"割圆术"，为计算圆周率提供了一套严密的理论和完善的算法，这样直观的几何变化，以及精简的语言，怎能让学生不陶醉于中？刘徽认为，"割之弥细，所失弥少，割之又割以至于不可割，则与圆合体而无所失矣"。这句话揭示了古代的极限观念，直观、简短的几句话就总结出了极限思想，这不仅为学生提供了思考问题的角度，更是在老师的介绍下，学生对于古人的智慧有了初步了解，激发了学生了解古人的兴趣，为学生叩响了传统数学文化之门。

在教育教学过程中，在巩固环节时教师可以巧用古代趣题，链接古今智慧。在古代数学家们探索数学问题的过程中，产生了许多有趣的、经典的数学题目，这都是古人宝贵的知识结晶。教师若能多在教学中引用这些古代趣题，可以使学生体会到数学家的智慧。例如"百鸡问题"是小学人教版六年级教材中"方程"一课的经典问题，是我国数学家张丘建在他所著的《算经》里提出的，其问题描述为，"今有鸡翁一，值钱五；鸡母一，值钱三；鸡雏三，值钱一。凡百钱买鸡百只。问鸡翁母雏各几何？"

要想让学生解决这道题目，首先要帮助学生去理解题意，将古文翻译成白话文，在这个过程中，由于无法直接翻译，只能根据上下文和实际情况进行推测，学生的理解能力得到了发展。接着让孩子通过小组合作交流的方式，共同寻求方法来解决问题，再在各组之间进行分享，从这道题中得出了多种解法，会对自己的信心大增，同时必定会对古人的智慧产生赞美与惊叹。若是他们了解到这道题解题过程之久，研究人员之广，他们也必然会对在数学这一学科上不断探索的毅力而产生佩服之情。像这样的古代趣题还有很多很多，他们具有跨越时空的能力，古题今解，让学生在与古人对话的过程中，碰撞出别样的思想的火花。

课程结束后，除了对课堂所学数学知识的练习外，可以布置多样化的作业，如阅读、影视、数学家故事会等作业，现在信息技术也发达，可以鼓励学生自己搜寻数学家的故事，制作成幻灯片再与其他同学一起分享，与此同时也收获了更多的数学知识，让学生对数学学科传统文化的学习转被动为主动，在一次次交流、讨论、切磋的过程中，深化对传统文化的理解，传统文化学习之风便会在班级里盛行。

展开丰富多彩的数学活动，也能深入传统文化对数学教学的渗透。比如起源于数千年前的数独游戏，可以灵活地设置难度，使学生一步一步地完成获得成就感，在这个过程中，学生的数感被逐渐深化，同时也培养学生耐心思考、专注等能力，可在比赛前对其历史进行简单介绍。又如流传于中国民间的智力游戏七巧板，是从宋朝的燕几图逐渐演化成明朝的蝶翅几，最后发展成为现代的七巧板，简单的几种图形却可以排列组合成千变万化的图案，学生在拼摆的过程中培养了创造力，同时在游戏中也能感受传统文化的魅力，在比赛中再次闪烁起传统文化智慧的光芒。

三、传统文化渗透到数学教学中带来的影响

传统文化的教学有助于激发学生的爱国情感，培养学生的民族认同感和自豪感，在数学教学中尤为如此。就拿祖冲之研究刘徽的"割圆术"来说，祖冲之佩服刘徽的科学方法，但刘徽的圆周率只得到96边，得出3.14的结果后就没有再算下去。可祖冲之决心求得更精确的结果。当时，数字运算还没利用纸、笔和数码进行演算，而是通过纵横相间地罗列小竹棍，然后按类似珠算的方法进行计算。祖冲之在房间地板上画了个直径为1丈的大圆，又在里边做了个正6边形，然后摆开他自己做的许多小木棍开始计算起来。此时，祖冲之的儿子已13岁了，他也帮着父亲一起工作，两人废寝忘食地计算了十几天才算到96边，结果比刘徽的少0.000002丈。于是，父子俩又花了十几天的时间重新计算了一遍，证明刘徽是对的。祖冲之为避免再出误差，以后每一步都至少重复计算两遍，直到结果完全相同才罢休。

直到1000多年后，德国数学家鄂图才得出相同的结果。从这样一个古代名人的故事中，学生可以见识到我国古代劳动人民的智慧，意识到钻研精神的重要性，毅力的种子在学生的心里开始发芽，以此学生看到自己国家与其他国家人民的差距，也能产生浓厚的民族认同感与自豪感，并产生更大的学习动力。

对于学生而言，将传统文化代入数学课堂，更能把所学知识与实际生活联系起来，因为在中国，数学并不是一个专门的学科，反而是为了解决生活中的各类问题，才使得这些学问归为数学。著名的数学著作《九章算术》反映的是中国先民在生产劳动、丈量土地和测量容积等实践活动中所创造的数学知识，包括方田、粟米、衰分、少广、商功、均输、盈不足、方程、勾股九章，是中国古代算法的基础。而数学家们一个个探索发现的故事，勤于观察思考的过

程，能让学生从中学到优良的品质与先进的学习方法，也能意识到实际生活的可贵，把所学知识又回归到生活实际中去。数学学科有其思维逻辑特点，强调解决问题的重要性和合理性。教师在教学过程中，若能还原真实历史故事，代入历史的语境中，可以让学生在学习过程中强化应用意识。让学生能有意识利用数学的概念、原理和方法解释现实世界中的现象和问题，除此以外，能让学生认识到现实生活中潜藏着许多与数学有关的问题，这些问题都能用数学方法去解决，在这个过程中，学生的数学学科的问题解决素养就被培养起来了。

传统文化中的益智游戏也对学生的数学素养有着不可或缺的影响，比如七巧板，学生在动手用七巧板复原，设计其他图形的过程中，知道基本图形通过旋转，平移就得到另外一个位置的基本图形，再将不同位置的基本图形进行排列组合，设计出图案。在不断尝试的过程中，学生的组合能力与空间观念得到了充分的训练。用七巧板设计的图案整齐、美观，也可以向其他同学发起挑战，学生在其中体会到学习的乐趣，能欣赏几何之美同时也收获了成就感。基本图形的特殊性同时也决定了它的重要性，从一年级到六年级，几何图形的学习的难度呈螺旋式上升，所以学生可以通过对七巧板的训练，不同的年级段进行相应的训练，来强化基本图形表象，同时进一步发展学生的几何直观素养。

四、在链接传统文化与数学教学的过程中，也存在一些客观问题

首先，传统文化的主要载体主要是古文汉语，对其进行研究与开发，需要有一定的语言基础，这并不是所有数学老师都能胜任的，所以不同学科的教师之间更需要去合作与交流，促进和增强该方面的能力，这囿于语言难度而产生的天然屏障，对于教师而言，在其职业生涯中保持源源不断的学习能力与自我更新能力，是一种硬性要求，要去迎接困难与挑战。

其次，日新月异的现代生活，与农业生活所产生的生活经验已相差甚远，而古代的许多数学发现与数学问题，都基于那个时代的生产、生活，与学生现在所处的社会环境可谓天差地别。学生对此是否会有浓厚的学习兴趣，对于问题的理解是否精准到位，也值得思考与商榷，选择合适的素材，才能有效地发挥传统文化在数学教学中的作用。

诚然，传统文化中有许多绮丽的瑰宝，等着我们去挖掘、开采，它所散发出来的迷人光芒难以掩盖，只要我们下定决心，怀着坚韧不拔的毅力去求索，

必能有所收获。

参考文献

［1］王岳川.一生要读知的100本中国名书［M］.北京：中国戏剧出版社，
2004.

［2］林婷.新课程标准下中学数学"有效备课"的探索［J］.数学教学研
究，2007（11）.

［4］刘海波.传统文化价值在大学人文教育中的应用［J］.语文教学通讯，
2017（12）.

［5］秦赟，闫淼.数学教学的趣味故事设计［M］.合肥：安徽人民出版
社，2012.

浅谈传统文化融入小学数学教学的策略

何宇璇

中华传统文化植根于中华大地，是各族人民共同的精神财富，是五千年来无数智者人才智慧的结晶。传统文化融入小学数学教学，有利于在教授数学知识的同时，让学生了解到数千年来积累下来的文明瑰宝，进一步感悟数学的趣味性，增强文化自信，达到育人的目的，实现学生的全面发展。教师必须认识到让学生了解传统文化，并去继承和发扬它是教师的使命。本文积极探究传统文化融入小学数学教学的策略，构建具有本民族文化特色的数学课堂。这将会创新数学教学的教学方法和教学模式，让教师的教学更有成效，学生的数学学习也会变得更加轻松。

一、传统文化融入小学数学教学的重要性

1. 落实育人的根本任务

教育乃即教学育人，小学数学教学与育人是密不可分的。作为义务教育的起始阶段，小学是育人的关键时期，培养学生的良好品德和行为是这一时期的重要任务。因此，小学数学教学除了要关注这一时期学生的学习内容，还要关

注这一时期学生的培养定位。在小学数学课堂中融合优秀传统文化，让小学生认识中华传统文化，如古代数学史的内容，了解古代的数学成就、相关人物等知识，孩子们的民族自豪感就会油然而生，这也促进学生的全面发展，达到育人的根本目的。例如，笔者在教"圆的周长"这一课时，给学生展示祖冲之相关的背景知识，让学生明白祖冲之能把圆周率精确到小数点后7位是一件伟大的成就，这也离不开他对数学的热爱与坚持钻研。通过这样的环节，既加深了学生对圆周率知识的印象，在学生心里埋下了对数学的热爱的苗子，鼓励他们学习坚持的品质和爱思考的习惯，无形中达到了良好的育人目的。

2. 丰富小学数学教学内容

中华优秀传统文化包含方方面面，其中有许多是与数学紧密相关的。比如祖先用磁石制作指明方向用的"司南"，教师在教"东南西北"的时候可以提及它，这样可以丰富教学内容，拓展学生知识，让学生在掌握基础知识和基本技能的同时，加深了学生对古代历史的了解，增强了民族认同感。在古代数学的发展中，涌现了许多优秀的数学家，他们创造了很多成就：祖暅原理、《九章算术》、勾股定理、圆周率等。在小学数学教学的课堂上，渗透这些优秀的传统文化，并把其体现的传统文化精神展现在学生面前，丰富小学数学教学内容，也达到了育人的目的。

3. 促进中国传统文化的继承和发扬

在经济全球化的当代，小学生受到多种多样的文化的影响，对传统文化的认知度不足。目前，传统文化并没有作为一门学科让学生进行学习，开设传统文化课程的学校并不多。而在小学数学教材中，将传统文化直接编入其中的部分并不多，这就需要教师在教学的过程中去融入传统文化，让学生汲取传统文化的精髓，促进中国传统文化的继承和发扬。

二、传统文化融入小学数学教学的原则

1. 贴合教学内容

传统文化资源类型多样丰富，但只有部分传统文化资源适合用于数学教学，究竟哪些传统文化资源才具有开发和利用的价值？只有跟数学教学现实情境相适应、契合才是有利用价值的传统文化资源。教师首先要明确，传统文化资源的运用是为了使我们的数学课"锦上添花"，若因为它的出现而丢失了数

学课上不可缺少的东西，比如教学知识的深入讲解，忽略培养学生基本数学思维，那么就显得有些轻重不分了。因此教师要抓住重难点，分析教学目标和教学内容，思考本节课需要设置的教学活动，然后再借助传统文化资源创设包装数学教学活动，这样既保证了传统文化资源带来益处，又能保证学生在有趣和有意义的情境下探究和体验数学学习过程，积累基本数学活动经验。

2. 遵循学生的心理特点

学生是教育存在和发展的根本目标，传统文化资源的利用与开发要以学生为学习与发展的主体和开发利用课程资源的主要依据，并以有效激发学生学习数学的积极性和促进学生学习发展的有效性为出发点和落脚点。教师在选择课堂上呈现的传统文化元素的过程中，需要认识到这些传统文化元素是为了促进学生对知识的认知，不能"为用而用"。

三、传统文化融入小学数学教学

1. 利用传统文化创设情境

在传统文化中，有许多经典的故事元素，这些元素可以成为课堂中的资源。在小学数学的课堂中，教师在把握住教学目标和重难点的前提下，可以尝试将传统文化与问题情境进行融合，如淑英老师在《小学数学教学中传统文化渗透教育研究》一文中介绍了她融合了传统文化进行情境创设教学：进行《分苹果》讲授时，教师可以引入《孔融让梨》的故事，让学生领悟中国传统尊老爱幼的文化理念的同时又学会了数学知识。这要求教师在创设情境时，有意识地选用一些传统文化中的元素，比如家喻户晓的名著，或者是一些成语故事的情景。因此，教师本身对优秀传统文化要有较为深入的了解，懂得选择适合元素融合小学数学课堂，使学生接受良好的文化熏陶。

2. 利用传统文化转变教学模式

传统的小学数学教学模式单一、枯燥，老师给学生提供现成的知识、简单重复的作业等等，有不少学生觉得数学课就是"计算课"，对此提不起兴趣，课堂参与度不高，其主体性地位也没有显现出来，这严重影响了小学生的数学学习兴趣和热情，更限制了学生数学学习情感的培养和逻辑思维能力的培养，久而久之，学生对知识的产生过程不感兴趣。

如果教师在教授知识点的同时，把古代科学家的探究同类知识的过程展示给学生看，这将会激发学生的兴趣和积极思考的欲望，进而让学生自主思考、合作交流，探究其数学知识背后的原理等，这样才能把"满堂灌"的课堂变为"以生为本"的课堂。例如在学"圆的面积"这一课时，教师可以介绍刘徽的"割圆术"，使学生体会到古人在探究数学问题的过程中充满智慧和毅力，引导学生学习古人的坚毅品质，以优秀的古代数学家为榜样，养成爱思考和爱探究的习惯，在探究的过程中学习数学知识。

3. 利用传统文化创新课堂练习

课堂练习对于检测学生知识的掌握情况起着反馈的作用，练习环节也是课堂环节中的重要一环，教师可以尝试在此环节中把传统文化融入课堂练习。例如，笔者在教授"轴对称图形"一课时候，会展现中华传统工艺剪纸的相关作品，并让学生动手去尝试剪相关的图案，这样一来，既可以让学生进行练习，又渗透了传统文化。教师还可以尝试在计算练习时融入传统文化，高文豪在《中国传统文化在小学数学教学中渗透策略探究》介绍了这样一道题目：李白街上走，提壶去买酒；遇店加一倍，见花喝一斗；三遇店和花，喝完壶中酒；试问酒壶中，原有多少酒？这样做可以把传统文化融入课堂练习，用优美的诗句展现出数学题目，激发了学生的完成练习题的兴趣。笔者在教授"1000以内数的认识"时，出示千文字，让学生通过提示找到对应的字，并对字进行讲解，让学生巩固课堂知识的同时还能了解传统文化。

4. 利用传统文化渗透数学思想

传统文化蕴含着古人的智慧，倘若教师能够让学生了解到这些相关知识，那学生将在潜移默化中掌握数学思想。比如"圆的面积"这一课时，教师可以介绍刘徽的"割圆法"，以此来渗透极限思想。还可以在教授分数的时候，介绍战国时代的《庄子·天下》篇中的"一尺之棰，日取其半，万世不竭"，跟学生介绍这句话的意思，并通过图片、实物等来演示这个过程，让学生在想象中体会到了极限思想。虽然极限思想方法在小学数学学习中并不一定会直接用到，但是这对于学生后面学习数学将起着重要作用。笔者在教授"简易方程"这一课时，在课堂上展示了《九章算法》中关于方程的内容，学生对此也留下了深刻的印象，无形中也渗透了方程思想方法。

四、结语

南昌大学黄伟民、刘咏梅老师提出，要将数学教育提升到文化传承的高度来认识，是数学教育的价值追求，也是对数学教育本质的回归。所以教师应该通过各种策略把传统文化融入小学数学教学中，在渗透数学思想、教授数学知识和发展学生数学思维的同时，通过潜移默化提升学生对传统文化的认识，让学生能够不断积累数学活动经验，感悟数学之美，唤起学习数学的热情，让其在传统文化的浸润中体会数学的乐趣，形成自己的数学思维，建立自己的数学知识体系。

参考文献

［1］严菊全.如何在数学课堂上渗透中华传统文化［J］.读写算（教师版）：素质教育论坛，2017（1）.

［2］耿淑英.小学数学教学中传统文化渗透教育研究［J］.才智，2019（8）.

在小学数学教学中渗透传统文化策略

刘芳玲

当前我国教育行业不断进行新的改革和创新，在改革的过程中传统文化展现出了强大的魅力，让更多人们开始注重传统文化与教学内容的渗透。然而在实际教学过程中，只有少部分的教师能够将传统文化和学科相融合，推动传统文化的传承与发扬。数学学科是当前小学课程中最为重要的学科之一，数学思维对于其他学科的学习也具有重要影响。将小学数学学科与优秀的传统文化相结合，让传统文化渗透到数学思想和数学教学中，可以让数学课堂变得轻松愉悦，通过轻松愉悦的数学学习氛围，让学生更加愿意学习数学，提高小学生的数学成绩。

一、传统文化在小学数学学科教学中应用的意义

1. 全面提升学生数学学习核心素养能力

将我国优秀传统文化应用于教学体系中，符合当前我国新课程标准下小学数学教育教学发展的需求，这种方式适应了新时期数学学科人才培养的发展需求。在传统文化教学日益兴盛的大背景之下，国家在除了以语文为主要内容来教授优秀传统文化的其他学科之外也大力推行传统文化教学，以此来不断增强学生们对于相关数学知识的了解与认知。同时，在数学学科核心素养能力的培养要求下，优秀传统文化与小学数学学科知识的有机融合就显得更加重要，对新时期小学数学人才培养有着十分重要的推动作用。尤其是对学生们数学学习核心素养能力的提升来说，在数学教育教学中渗透传统文化常识，可以提高小学生对于传统文化的了解程度。因此，把优秀的传统文化内容渗透到当前小学数学教育中，是新时期培养数学专业人才的需要。

2. 有利于推动国家社会、历史、文化等方面的建设

优秀传统文化与小学数学学科教学的融合与渗透也是适应了新时期小学学科教学发展的需要，对于我们的民族文化，进一步的发展与弘扬有着重要的积极意义。中华文化博大精深、源远流长，历久不衰的优秀文化教育对新时期学生们的身心健康发展有着十分重要的促进作用。只有当小学生从小就处在优秀传统文化的熏陶之下，他们才能够形成正确的情感、态度和价值观。而从更广泛的层面来看，这种文化教学还有利于推动国家层面的历史文化素养的建设，对推动国家文化体制建设也起到了重要的促进作用。特别是国家在文化教育建设方面力度的增加，这种优秀传统文化在小学数学教学中的应用就显得重要。无论是从小学生数学学习核心素养能力的培养方面，还是从国家历史文化体制建设的层面来看，优秀传统文化在小学数学学科教学中的融合与渗透有着十分重要的意义。

二、在小学数学教学中渗透传统文化的策略

1. 数学历史在小学数学教学中渗透

小学阶段是学生开始九年义务教育的起始阶段，在这一时期学习好课本知识对于学生在以后的发展有着重要的意义，在当前的小学教学中，数学课程受

到越来越多的人的重视。在小学阶段，数学学科占有着重要的地位，对于学生在日后的学习具有重要的影响，因此各小学院校应该加强对数学学科教学的重视，帮助小学生提高数学学习的积极性和主动性，理解更多的数学解题方法，通过自身的努力为日后的学习做铺垫。我国的传统文化中有许多优秀的文化，这些优秀的传统文化对于小学生的成长发展具有非常重要的意义，如果我们可以将这些传统文化和小学数学教学相结合，我们不仅可以增强小学生对于我国优秀的传统文化的认知，还可以让学生了解到传统文化对于时代发展的重要意义，除此之外可以更好地让小学生理解和掌握数学知识概念，一定程度上给学生的学习带来积极的推动作用。我们的很多数学知识都是由我国古代的数学家研究发现，经过一代又一代人们的传承才形成我们今天学习的数学内容，将传统文化渗透到数学学科教学中，可以让小学生更好地了解到数学的历史，明白数学学习的重要性。

例如，在学习对称这一章节的相关知识内容时，教师就可以找一些与对称相关的传统建筑物，让学生在欣赏我国古典建筑时感悟对称的美感，从而加强学生对于对称知识的掌握。在学习认识图形这一章节时，教师可以自己寻找在我国传统文化中与图形相关的艺术，如剪纸等。通过传统文化与数学知识的结合，让抽象的内容变得生动具体，有助于提高学生数学学习的热情。

2. 在实践教学中渗透传统文化

在小学数学课堂中如果教师在进行讲解的过程中，只是一味地向学生讲解数学概念和数学解题思想会让小学生认为数学是一门枯燥的学科，可能会让学生丧失对数学学习的热情，显然这对于学科教学而言是非常不利的。教师在上课的时候可以把传统文化渗透到数学知识中，例如，在学习枯燥的数学概念时，教师可以讲解一下数学家们发现这一概念的故事，减少小学生对于数学的疏远感，让数学知识更加地亲切，有温度。要保持长时间的注意力集中，对于小学生而言是有一定难度的，因此，教师在上课的时候可以适当的结合一些有趣的游戏，抓住小学生的眼球，让小学生渴望数学知识的学习。当我们的课本知识通过游戏的形式呈现出来时，既可以加强学生对于知识点的掌握，又有助于提高学生的数学思维。

3. 推动传统文化常识的渗透

采取具体适宜的方式方法，来不断进行数学文化常识的渗透，充分挖掘小学数学课堂教学的内涵，提升学生数学学习的积极性。对小学生来说，老师们在日常的小学数学教学过程中，应该采取行之有效的方式方法，来不断进行相关的数学文化常识的渗透。在将传统文化应用于小学数学教学的过程中，教师作为主要引路人，需要给予这些学生适宜的方式、方法上的指引，为学生能够更好地去进行数学知识结构框架的构建、数学知识的理解及掌握提供一些行之有效的指导，让他们养成一些良好的数学学习行为习惯，以此来提高小学生的数学文化素养。

在日常数学教学过程中，老师应该给予小学生一定的数学学习方式方法的指引，让这些小学生养成一些良好的数学学习习惯。而这些好习惯的养成与课前的预习、课堂的认真学习和课后的努力复习有着十分重要的作用。因此，教师就应该从这三个方面提出相应具体的教育教学要求。课前主动预习，在教师未讲解新知识点之前，做到认真阅读课本，做完相关的练习题等工作，养成课前主动预习的习惯是获取数学知识的重要手段之一。课后及时整理解题思路，总结解题规律，在解决每一道数学练习题之后，盘问自己能否举一反三，解出同一类型的题目。例如，我们在学习认识纸币这一章节的时候，是可以给学生讲解纸币的演变过程，讲解我们进行商品买卖时，为什么是从原始的通过商品和商品之间的交换变成现在用纸币来购买的方式，让学生了解到纸币的优点，当学生了解了这些后，教师可以让学生观察我们日常生活中经常使用的纸币的面值，加深学生对于纸币的认识和了解。通过上述案例可以使得学生对数学感兴趣，可以使得学生学会对相关数学方法的具体引用。

比如，老师在对于课本中的例题"鸡兔同笼"问题的讲解过程中，可以先找一些鸡和兔子的照片让学生认识鸡和兔，然后让学生说脚数、头数，接着两只、三只到若干只鸡和兔放到一个笼子中的有趣导入，再通过我国古代约一千五百年前的《孙子算经》中有趣的"鸡兔同笼"问题相关的文献资料，让学生感受传统历史文化的魅力所在。通过对其中问题的具体讲解，来让学生们感知这个问题背后所蕴含的丰富的历史文化知识和古代学者的智慧。最后通过学习"鸡兔同笼"化繁为简（把较大的数字换成小的来找出最后的方法）数学思维，让学生学会用所学知识解决这类问题与解题思路，对以后此类问题拓展和提升都有着重要促进作用。

三、结语

综上所述，在小学数学学科教育中，渗透我国优秀的传统文化对于学生学习知识具有重要的意义，本文主要探讨小学数学学科与传统文化相结合的重要性，并分析和更好地推动两者的结合，就此提出自己的见解和相应策略，希望能够给小学教师以借鉴作用。在小学数学学科中渗透传统文化，可以提高数学课堂的教学质量以及教学效率，更好地推动我国优秀传统文化的传承，为小学生以后的发展奠定坚实的基础。

参考文献

［1］刘长功.在小学数学教学中渗透人文教育之探索［J］.中华少年，2017（21）.

［2］张玉发.小学数学课堂教学中有效融入数学文化的策略［J］.科学咨询（教育科研），2020（7）.

小学数学中数形结合思想应用

索丽娜

一、引言

在当前的教育教学中，数学在我们的学习过程中是接触到最多的一门学科，在学习数学的过程中，除了培养孩子们良好的思维能力，也要培养孩子们对我们民族传统文化的认同感和自豪感。所以说在教学的过程中，教师一定要提升自己的教学能力和教学魅力，让学生产生强烈的学习数学的兴趣，同时也要调动学生的学习热情，数形结合的思想就可以达到这样的目的，然后引导学生在学习的过程中找到良好的学习方法，数形结合可以让孩子更好地产生思维的碰撞，更好地理解复杂的知识点，同时也更好地发散孩子们的思维，从而找到数学学习的乐趣，激发出学生对数学学习的主动性，只要让学生切实地感受到学习的最大快乐，数学教学工作才可以顺利地走向成功。

二、小学数学教学中数形结合思想的重要性

1. 让数学知识更加的形象更加的直观

在当前的教学过程中，大部分学生对于知识的理解会表现出难以理解的状态，在教学中，正确应用数形结合的思想进行教学，就是可以让我们所学的数学知识更加的形象更加的直观，让我们的学生可以在学习的过程中更加容易地理解数学知识，对于学习的效率都会得到很大一部分的提升，更重要的是数形结合的思想还能培养出学生独立思考的能力。比如在教学平方数时，用行列相等的格子图对照来看的话，通过观察格子图，学生就很容易发现规律，找到方法。如可以斜着看得到5的平方=1+2+3+4+5+4+3+2+1，一圈一圈看又可以写成1+8+16等等，学生很容易理解，而且还能找出更多不同的方法。

2. 激发学生的学习兴趣和热情

首先数学数形结合的思想是可以更好地激发孩子们思考，能更容易思考出解决问题的方法，在解决问题的过程中体验成功的喜悦，可以大大地激发学生的学习兴趣和热情。熟练地掌握数学数形结合的思想后，对于成绩的提升是非常明显的，那么现在学生最大的想法就是很快地提高成绩，当成绩提高之后他会对数学学习更加有信心，这样就更会激发出学生对于数学学习的兴趣和积极性，所以说这种思想是特别重要的。在教学中，我们也可以给孩子们介绍，我国著名的数学家刘徽利用割补的方法求出平行四边形的面积，还有古人们用表格的形式计算多位数的乘法，感受古人们的认真钻研，同时也告诉孩子我们要更加努力，站在前人的肩膀上，取得更好的成绩。

3. 提高学生的能力和各种水平

学生掌握数学数形结合思想是非常重要和必要的，这种思维方式不仅可以帮助学生空间想象能力的建模，同时也可以提高学生的认知水平，然后通过慢慢的学习，逐渐掌握这种思维模式，就可以很好地锻炼学生的自主思维能力，并且可以培养学生自己解决在学习中的难题。比如，在教学如何求圆的面积的时候，我们一是可以通过把圆剪一剪拼一拼的方式，让孩子们更直观地理解圆的面积求法，提高学生的认知，同时也要向学生介绍古代数学家祖冲之，让孩子们在学习这种思维模式的同时也体验一下传统文化的价值。

三、小学数学教学中数形结合思想的应用策略

1. 在概念数学中我们要渗透数形结合的思想

小学生在认知方面都还是一个待开发的状态，所以在教学的过程中，就要逐渐渗透进数形结合的思想，可以很好地让学生在不知不觉中就学会这种思维方式，然后产生出对学习的热情，小学生的学习习惯在这个时候进行很好的培养是非常重要的。所以说在教学概念的过程中要渗透数形结合的思想，首要就是可以让学生明白数形结合思想在数学学习过程中的重要性。

例如，在教学"体积和体积单位"的时候，我们在讲解概念的过程中，就可以渗透进数形结合的思维模式，通过对立体图形的划分，让学生们明白体积的含义，因为学生在很多的学习过程中，都是在效仿教师的方法，所以教师就可以利用这一特点来进行数形结合思想的渗透，这样学生在以后的学习过程就能自然而然地掌握这种方法。

2. 在计算教学中我们要渗透数形结合思想

在计算教学中我们要渗透数形结合的思想，是一种可以去教导学生的方法，我们的教师在教学的过程中，就可以借助各种各样的方式，让学生在计算的过程中，运用数形结合的思想，然后在这个过程中就可以很好地理解当中的数学知识了，并且也可以让学生在计算的过程中进行细心的观察，培养学生的思维能力。

例如，在教学"笔算除法"的时候，教师在教这一内容的时候，相信很多的学生对于计算的问题都是非常大的，那么在教学的过程中，教师就可以将计算教学渗透数形结合的思想，这样就可以让学生在进行计算练习的过程中，找到计算的规律，既可以很好地提升学生思维能力，对于学生的后续学习还有发展也是非常重要的。

3. 在解决问题的教学中渗透数形结合的思想

数学中很重要的一类题型就是应用题了，解决问题非常地锻炼学生的逻辑思维能力，所以说在数学学习过程中，解决问题的难度也是非常大的，我们的教师应该在解决问题的教学中渗透数形结合的思想，让学生在解决应用题的过程中运用数形结合思想，可以让学生达到非常好的效果，让学生自己去探索，然后在他说的过程中找到解题的思路。

例如，课堂上我们在教学"两位数乘两位数"的时候，教师就可以在这一单元的应用题讲解中，渗透进数形结合的思想，然后通过数形结合的思想进行习题的讲解，学生在通过教师的这类讲解之后，在遇到同样的题型之后也会效仿教师的讲解方式，进行自主的解题，然后自行的探索，可以很好地培养学生自主解决问题的能力和好习惯。再比如，教学行程问题的时候，教会学生根据条件正确画出示意图，根据示意图去解决问题，会让这个问题变得容易得多，孩子们更容易理解，难题越来越简单，数学学习就会越来越有趣。

四、结语

综上所述，小学数学数形结合思想在小学数学教育中是非常重要的，首先可以让我们的学生对于数学知识的理解更加形象直观，然后可以激发出学生的学习兴趣，对于提高学生学习能力和水平都有非常大的帮助，同时，也让孩子们喜欢传统文化，重视传统文化。那么教师在教学的过程中一定要在概念教学、计算教学、应用题教学中都渗透进数形结合思想，这样才可以培养学生在学习的过程中运用数形结合思想解决数学学习中的各种问题。

参考文献

［1］颜珍.小学数学教学中数形结合思想的应用分析［J］.西部素质教育，2017，3（5）.

［2］全国友.小学数学教学中数形结合思想的应用教学策略探究［J］.才智，2017（7）.

［3］吴秋姑.小学数学中数形结合思想的应用研究［J］.考试周刊，2016（7）.

浅谈小学低年级传统文化教育如何渗透到数学课

邱运嫦

小学低年级的教育很具有思想启蒙性，这个阶段正处于人格和智能发展的最后一个关键阶段，我们应当更加重视和教育儿童在接人待物上的思想观念，并且提倡"己所不欲勿施于人"等；在思想和学习上提倡"天行健，君子以自强不息"等精神品质。因此，我们只要将中华优秀的传统文化全部融入到小学低年级数学的教育中，相信就会取得事半功倍的教学效果。

准确地把握低年级孩子数学课的兴趣点，由于低年级的孩子天真可爱，好奇心强，喜欢新奇事物，老师们就可以很好地充分利用这些孩子的兴趣点，结合他们的身心成长和特征，开展对传统优秀文化的教育。如上"人民币"课时，孩子们认识了人民币后，我就与学生开始聊天，如果你在路上看到了一张100元的人民币，此时你会怎么做?首先，我鼓励他们大胆地讲述并说明他们的做法。并借机顺着孩子们的实践思路，将我国优秀传统文化贯彻穿插在课堂中，拾金不昧的做法就是弘扬我国优秀传统文化之一，让学生真正意识到自己的做法应该是正确的，培养他们对于传统文化知识学习的兴趣，作为班主任的我既使学生掌握了数学知识，又使他们了解到我国优秀传统文化知识，还对他们进行了德育教育。又比如，低年级的幼小孩子特别喜欢亲自动手作图的操作，于是，在引导幼小孩子认识不同的图形时，我将事先自己剪好的、拼好的、具有代表性的图片分别展示给孩子们，并且还提前按照要求为孩子们准备了所需的彩纸、颜色笔、剪刀及胶水或薄膜双面胶等各种用具，让他们通过各个小组的同学之间的合作，设计、说明并介绍出他们感兴趣的东西，使他们能够感到图片中最为相似的形态或者绘画。在教育孩子们亲自动手的过程中，我适当地穿插一两个关于中国优秀传统文化的问题，让他们去做答案，孩子们在回答之后，我再次给予他们正确的说法讲解和指导。这种一边亲自动手一边讲解的教学方式，彻底打破了传统意义上"老师讲、学生听"的枯燥教学模式，使课堂气氛变得更加活跃。

引导低年级的孩子熟读成诵，积累，形成深厚的文化基础，让孩子熟读三百首唐诗，让他们即使不会写，也会唱吟。我根据国家新课程标准的规定和要求以及孩子们的年龄特征，在每节数学课的教育内容之前我就做了具体的安排阅读。对我布置的内容，我严格地要求幼小的孩子们必须熟读成诵，把它们牢记在心中。而学生在阅读的过程中亦是一个进行语言素材的积累过程，也是一个接受民族文化的熏陶的过程。例如："人而无信，不知其可也"就说明了什么是做人诚信的基本原则。毫无疑问，这些都被认为是我们中国优秀传统和文化中的精髓，是我们祖辈们聪明才能的结果，是我们骄傲和自豪的一种精神资源。我们应该把它输入到我们的血液中，融入到我们的生命中。

开展了家校合作活动，作为低年段的班主任和数学老师的我，在对小学低年段的孩子们进行优秀传统文化教育的整个过程中，采用了家校共同合作的教育模式，这不仅促进了教育效果的达到和实现，还大大拉近了教师、学生以及其家长之间的差异和距离，以保证今后的各项教育活动能够得到良好的开展。首先，我们要加强与父母和家长之间的信息沟通与交流，让父母和家长们能够明白传统文化阅读教育的真正含义、方法和途径，并且是有目标的，在这种基础上我们要让父母和家长改变观念，努力给孩子创设一个更好的阅读和学习氛围，而且还需要以身作则地去影响他们对于传统文化的理解。在我们学习数学的某一个知识点时，让我们的家长引导学生去参观一些古典建筑、去看一些具有历史意义的电视影片等，不仅扩大和拓展了我们传统文化课堂教育的空间和发展时间，而且也巩固了我们在数学课堂里头已经掌握的知识，使得我们传统文化课堂教育已经成为我们小学数学课阶段的教育中必不可少的一部分。

发挥多媒体信息技术、多媒体工具的合理应用，可以全方位展示课程内容，引导小学低年级学生从不同角度分析问题。如在小学二年级"观察物体"课程教学过程中，为促使小学二年级学生正确认识从物体上面、后面、侧面辨认物体形状知识。小学低年级数学教师可利用多媒体工具，展示不同物体三维形状，如小火车等，引导小学二年级学生探究不同角度下观察的物体形状差异。随后小学低年级数学教师可要求班级学生根据教材内容，采用规范的数学语言进行物体形状描述。如同学A观察的是物体的右侧面，同学B观察的是物体的左侧面，同学C观察的是物体的正面等。最后，为提高课程教学效果，小学低年级数学教师可设置巩固发展模块。巩固发展模块主要包括"说一说""猜一猜""做一做"三个模块。在"说一说"模块，小学低年级数学教师可将班级学生划分为6人一组的若干个小组，选择教室内某一物体。如黑板擦、课桌等，要求各小组学生从不同角度观察，并阐述所观察的问题形状；在"猜一猜"模块，小学低年级数学教师可使用多媒体课件，展示一个物体的多幅图片，让班级学生猜测其拍摄角度；在"做一做"模块，小学低年级数学教师可依据教材内容，在教材图片内将物体观看视角与描述内容进行连接。或者鼓励班级学生选择家庭中的某一物体，将观察到的形状进行合理描绘。并在这一基础上开展了传统文化的教育。比如，我利用视频观看不同民族的舞蹈、服饰等，让孩子们认识从物体上面、后面、侧面辨认物体形状知识后，再说说观赏中了解到哪些关于传统民俗的知识。

总之，中国优秀传统文化既是一种能够直接体现我们民族风貌、又能够体现民族性格的文化，它是我们生活在人类社会中的一笔宝贵财富，我们要让孩子们从娃开始就要接受传统文化和受其熏陶，对孩子们的健康成长具有非常重要的意义。我作为一个基础教育工作者，长期带低年段的孩子的老师，要不断地实践、总结经验，探索出更多的有利于传统文化教育策略与方式，从而真正地发挥传统文化的独特魅力。

小学数学课堂如何渗透中华优秀传统文化

——以人教版教材二年级上册为例

赵子琛

一、前言

教育部《完善中华优秀传统文化教育指导纲要》中明确提到："加强中华优秀传统文化教育，是培育和践行社会主义核心价值观，落实立德树人根本任务的重要基础。"在小学数学课堂中渗透中华民族的优秀传统文化，不仅能培养孩子们探索数学学科的兴趣，更对学生的思想道德规范、个人行为习惯等立德树人的养成教育具有重要意义。然而，在当下的小学数学课堂教学中，优秀传统文化多以碎片化、杂乱化的方式融入其中，这就极大地影响了课堂教学效率的提高（张凌燕，2018）。

二、必要性

将中华民族的优秀传统文化渗透进小学数学课堂，不仅有利于学生重新审视和感悟传统文化，更好地传承并发扬中华优秀传统文化，也有利于在提高课堂教学效率的同时，培养学生的数学学科核心素养，从而使小学数学课堂教学实现智育和德育双重目的，更有利于实现立德树人、培育有家国情怀时代新人的目标。因此，本人尝试找到中华优秀传统文化与小学数学课堂的结合点，并深刻挖掘中华优秀传统文化思想，改变以往该文化难以融入小学数学课堂的问题，从而引导学生在学习知识的同时，感受并珍视我国丰富的文化遗产。

三、实践方法

在不影响数学课堂教学效率的重要前提下，本人曾在执教的小学数学课堂中大胆尝试，与全体数学科组的教师们讨论交流，总体上认为以单元为切入口进行集体备课，能更好地将该文化与小学数学课堂相结合。本人以人教版小学数学二年级上册教材为例，谈谈具体做法。

1. 课堂知识渗透优秀传统文化

众所周知，中国是世界文明古国之一。数学是中国古代科学中一门重要学科，其发展源远流长，成就辉煌。如今，在学生使用的众多数学教材中，里面提到的很多知识都能从我国古代数学知识中溯源。比如，人教2011版的二年级上册第一单元主要讲解"长度单位"，其中开篇就介绍了古人如何用身体的一部分作为测量长度的单位，接着详细讲解了厘米和米这两个长度单位。在此，教师可向学生介绍我国古代长度单位，寸、尺、寻、仞、丈、常、咫、跬、步、矢、毫、厘、舍等，并适时介绍与之相关的知识。如"寸"为中医学上常用术语，是较小的长度单位，因此也有"寸步难行""一寸光阴一寸金，寸金难买寸光阴"等成语和俗语；晋文公"退避三舍"故事中，三舍就是退了90里地；毫、厘是两种极小的长度单位，因此有"失之毫厘，谬以千里"的说法等等。再如，第四单元"表内乘法（一）"和第六单元"表内乘法（二）"，学习的时候教师可以向学生介绍九九乘法口诀表是古代中国对世界文化的重要贡献，最早在我国《管子》《荀子》《淮南子》等多本古籍中都能找到乘法口诀，我国古代的乘法口诀是从"九九八十一"开始的，顺序与现在的乘法口诀顺序相反。教材的第七单元主要讲述"如何认识时间"，这里面就详细介绍了分针与分。教学时，教师可向学生介绍我国古代的计时工具如日晷、圭表、水钟等，以及这些计时工具的使用方法，还有我国古代常用的干支纪时法、十二时段计时法与现在的24时计时法的关系。这不仅能让学生更清楚了解我国古代优秀的科学技术与发明创造，还可以帮助学生理解相关古诗文内容。

课堂中穿插讲述这些优秀传统文化知识，可以极大地激发学生的求知欲和好奇心，从而使小学数学课堂充满魅力。

2. 课堂活动渗透优秀传统文化

数学课程标准指出："教学中注重结合具体的学习内容，设计有效的数学探究活动，使学生经历数学的发生发展过程，是学生积累数学活动经验的重要途径。"实践出真知，帮助学生深刻理解中华优秀传统文化最好的方法就是通过设计与之相关的活动，让学生在活动中感悟我国优秀传统文化。人教2011版二年级上册第二单元是"100以内的加法和减法（二）"，让学生通过竖式计算100以内的加法和减法。我国古代数学在世界数学史上占有一席之地，尤其是十进位值制记数法、筹算和珠算令人称道。本单元在学生完成新课学习之后，教师可借助小棒先让学生熟悉算筹摆数的方法，然后让学生用算筹进行简单的加减法运算，让学生在活动中感悟筹算与竖式计算的区别和联系。教师还可以简单告知学生算盘的使用方法，并让学生用算盘进行简单的珠算，从中感悟中国古代十进位值制计算方法。以上这些课堂活动，真正做到了让学生在活动中掌握数学知识，让学生在感悟小学数学课堂魅力的同时，真切地感受我国古代人民的智慧。

3. 教材挖掘渗透优秀传统文化

虽然我国古代数学文明在世界数学史中的学术地位毋庸置疑，但不可否认，我国古代数学研究也有它的短板，角度的认识就是其中之一。正如中国计量史界的双璧之一的关增建教授所说："中国古代365分度方法对于确定天体空间方位是有效的。惟其有效，才阻滞了其他分度方法的产生，导致了角度概念的不发达。这种不发达的表现是多方面的，缺乏古希腊那样的几何体系，自不待言；即使在对天体方位的表示上，也习见用长度表示角度的例子。"（关增建，1989）既然在中国古代数学中，角度的认识似乎有所欠缺，那在人教2011版二年级上册第三单元"角的初步认识"的教学中，本人将从独特的视角来融入我国优秀传统文化。教材45页的练习第13题提到了七巧板，让学生说一说七巧板中每块板的形状、比一比三角板中各个角的大小。在课堂教学中，本人将从七巧板展开，向学生介绍七巧板是如何由宋朝的燕几图、明朝的蝶翅几演变而来，再让学生用七巧板拼成各种人物、动物、物品形状等指定图样。上述教学实践，不仅可以提高学生的动手能力、想象能力和创造能力，更让学生深刻感受七巧板这一中国传统智力玩具的奇妙之处。

4.练习创设渗透优秀传统文化

在教学过程中，教材中部分单元内容从表面上看很难与我国优秀传统文化挂钩。此时可以通过创设练习的方法，将传统文化元素融入练习之中。这既可以满足教学的需求，也可以让孩子们感受该文化的魅力。比如，人教2011版的二年级上册第五单元主要讲述"观察物体"。其中，学生需要判断三幅图是从物体的哪个位置看到的。学习完本单元新课知识后，教师可出示我国古代优秀工艺品的图片，如司母戊鼎、马踏飞燕等，让学生说说图片是从物体的哪个位置看到的，并让学生课后搜集有关资料，加深学生对我国古代独具特色工艺品的了解。再例如，人教版的二年级上册第八单元主要讲述"数学广角——搭配（一）"。当孩子们学完单元新课内容后，教师先出示4幅图案不同的剪纸图，其中2幅剪纸边框为圆形、2幅剪纸边框为方形，然后问学生："过年了，张奶奶想要买1幅方形的剪纸和1幅圆形的剪纸，有几种不同的买法？"通过类似练习的创设，可以让学生从传统节日文化、艺术品欣赏等方面加深对中华优秀传统文化的了解，培养学生的爱国主义情怀。

四、局限性

小学数学课堂渗透中华优秀传统文化虽然优势众多，但对教师能力和备课方面要求甚高：第一，改变教师自身观念。在小学数学课堂渗透中华优秀传统文化，势必会占用一定的课堂时间，这需要教师转变自身观念，意识到小学数学课堂渗透中华优秀传统文化的重要性，持之以恒、潜移默化，才能使数学课堂真正实现智育和德育双重目的。第二，丰富教师知识储备。教师在课外以及备课时多查阅资料，才能更好地找准中华优秀传统文化与教材学习内容的结合点。第三，发挥集体备课优势。

正如前文所述，在小学数学课堂渗透中华优秀传统文化，势必会占用一定的课堂时间。为保障教学质量，教师需要更加精细备课，这就需要备课组发挥集体备课优势，充分提高课堂效率、保障授课质量。

参考文献

[1]中华人民共和国教育部.义务教育数学课程标准［S］.北京：北京师范大学出版社，2011.

［2］张凌燕.传统文化融入数学课需要"精准设计"［J］.江苏教育研究，
　　　2018（29）.

［3］关增建.传统365 1/4分度不是角度［J］.自然辩证法通讯，1989（5）.

传统文化之剪纸艺术融入数学课堂

程　侨

剪纸是我国的传统民间技术，如果把它与逻辑性较强的数学联系到一起，大家一定会觉得不可思议，细究剪纸作品，不难发现，它包含了数学中的对称、旋转变形、全等、相似以及黄金分割比等数学原理，所以说剪纸艺术与数学有着千丝万缕的联系。

就中小学生而言，学生普遍对数学有畏难心理，特别对于对称、旋转等涉及图形变化的题目更是无从下手，而且原始的教师讲、学生听的数学课堂让学生感到枯燥，甚至讨厌数学课。而此时剪纸艺术进入数学课堂，增强课堂趣味性，同时学生对应学知识有更深刻了解，更深层次来说，传统文化引入常规课堂，有助于激发学生的爱国感情。

下面我将列举几例将剪纸艺术融入课堂的案例。

案例一：对称图形的认识

第一步，课前我让学生自己动手制作剪纸作品（如图2-14），并挑选出几个适合本节课学习内容的制成PPT。

图2-14

第二步，首先我让学生介绍自己的作品的构思，然后让他们讨论这些作品有什么共同的特点，从而导入新名词：对称图形。

第三步，当学生对"对称"有一个初步了解时，PPT又展示学生的另外几个剪纸作品，让学生判断哪些是对称图形，哪些不是对称图形。

第四步，让学生选出自己喜欢的对称剪纸作品，并让学生动手剪一个对称图形，此时，学生对剪对称图形有强烈的创作欲望，但是动手操作起来却不是很理想。

第五步，学生通过动脑讨论，确定了对称图形的关键元素，对称点和对称轴，也对制作对称图形有自己的见解。

第六步，再次动手制作，并总结制作方法。

第七步，教师总结，升华主题，激发学生的爱国主义情怀。

案例二：讨论 $\frac{1}{2}+\frac{1}{4}+\frac{1}{8}+\frac{1}{16}+\cdots+\frac{1}{2014}=?$

第一步，我采用降低难度，让学生计算下列几道分数加法问题，

$\frac{1}{2}+\frac{1}{4}=?$

$\frac{1}{2}+\frac{1}{4}+\frac{1}{8}=?$

$\frac{1}{2}+\frac{1}{4}+\frac{1}{8}+\frac{1}{16}=?$

通过计算，学生很快给出 $\frac{3}{4}$、$\frac{7}{8}$、$\frac{15}{16}$ 三个答案。

第二步，谁能猜一猜 $\frac{1}{2}+\frac{1}{4}+\frac{1}{8}+\frac{1}{16}+\frac{1}{32}+\frac{1}{64}=?$ 说说你怎么猜出来的，引导学生观察并总结，$\frac{1}{2}+\frac{1}{4}=1-\frac{1}{4}$，$\frac{1}{2}+\frac{1}{4}+\frac{1}{8}=1-\frac{1}{8}$，$\frac{1}{2}+\frac{1}{4}+\frac{1}{8}+\frac{1}{16}=1-\frac{1}{16}$，$\frac{1}{2}+\frac{1}{4}+\frac{1}{8}+\frac{1}{16}+\frac{1}{32}+\frac{1}{64}=1-\frac{1}{64}$。

第三步，动手验证 $\frac{1}{2}+\frac{1}{4}+\frac{1}{8}+\frac{1}{16}+\frac{1}{32}+\frac{1}{64}=1-\frac{1}{64}=\frac{63}{64}$ 是否正确，此时学生对其中的规律有强烈的好奇心。

第四步，引导学生用对称图形的方法解释其规律，$\frac{1}{2}+\frac{1}{4}+\frac{1}{8}$ 表示的是将一个图形先分成一样的两半（如图2-15），表示 $\frac{1}{2}$，再将其中一半分成均等的两份，每份表示 $\frac{1}{4}$，再取其中的一份 $\frac{1}{4}$，分成均等两份，每份表示 $\frac{1}{8}$，那么 $\frac{1}{2}+\frac{1}{4}+\frac{1}{8}$ 可以用1减去余下阴影部分 $\frac{1}{8}$ 表示，即 $\frac{1}{2}+\frac{1}{4}+\frac{1}{8}=1-\frac{1}{8}=\frac{7}{8}$。

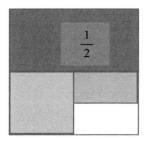

图2-15

第五步，用规律计算 $\frac{1}{2}+\frac{1}{4}+\frac{1}{8}+\frac{1}{16}+\cdots+\frac{1}{2014}$，通过前面的学习，学生很快能给出正确答案。

第六步，教师总结，并进一步将"数形结合"的重要解题方法留在学生脑海。

案例三：认识公倍数和最小公倍数

第一步：拿出准备好的剪纸"春"（图2-16），设置情境，春节快到了，老师想用这样的剪纸布置成大小不同的正方形展板装饰社区，用多少个剪纸作品可以摆成正方形展板，展板的边长分别是多少？

图2-16

第二步，学生动脑讨论可以用长3厘米，宽2厘米的纸片代替长30厘米，宽10厘米的"春"字，同桌合作，用手中的摆片动手摆一摆。

第三步，学生反馈各种不同的摆法，用6个长方形可以摆出边长为6厘米的正方形，用24个长方形可以摆出边长为12厘米的正方形。

第四步，引导进一步思考，可以摆出边长为15厘米的正方形吗？20厘米呢？24厘米呢？为什么？引导学生总结正方形的边长与小长方形的长和宽有关，通过猜想、交流、验证得出正方形的边长既是2的倍数，又是3的倍数。

第五步，点题，揭示概念像6、12、18、24……既是2的倍数，又是3的倍数，叫作2和3的公倍数，6为2和3的最小公倍数。

学生在参与摆剪纸的活动过程中，体验了学生和探索的乐趣，增强了对数学的学习兴趣。

案例四：认识中心对称图形（如图2-17）

图2-17

此节课中，教师利用我国的剪纸艺术为教具，让学生在判断图形是否为中心对称图形的同时，引导学生欣赏精美的剪纸，不同的窗花，在感受图形美的同时感受祖国灿烂的文化，接着让学生动手设计剪纸和窗花，在制作过程中，提高了学生对图案的鉴赏能力，也提高了学生的动手能力，增强了课堂趣味性。

案例五：黄金分割

第一步，我拿出一些具有利用黄金分割制作的剪纸展示给学生看，让学生在观赏变幻无穷，精美或质朴的传统技艺剪纸的同时，体会到剪纸的美，激发学生对学习数学知识的强烈欲望。

第二步，点题，这些图案的各部分间有一定的数学比例关系，即较小部分与较大部分之比等于较大部分与整体之比，其√值是（$\sqrt{5}-1$）：2，即0.618，这就是黄金分割，也称为黄金比例。

第三步，让学生猜余下的剪纸是否具有黄金比例，并动手验证。

总之，将中国传统艺术剪纸融入数学课堂，有利于民间剪纸艺术文化的传承和保护，促进多元文化的发展和数学文化的交流，让学生更愿意学，也更容易学。

参考文献

［1］王培，王彭德.民间剪纸艺术中的数学文化［J］.大理大学学报，2016（6）.

［2］陈英吉.浅谈新课程理念下的小学数学练习设计［J］.读与写（教育教学刊），2008（10）.

浅谈传统文化让小学数学课堂更精彩

——以人教版教材为例

罗俊鸿

在新课改的背景下，仅仅让小学生掌握必备的基础数学知识已经不符合时代要求了。我国文化源远流长，博大精深。将优秀的传统文化与小学数学课堂融合起来是很有必要的。这不仅能调动学生的学习积极性激发潜能，而且有助于立德树人，培养新时代社会主义的接班人。

一、小学数学课堂融合优秀传统文化的重要意义

早些年社会还未重视民族精神和传统文化教育，在商业鼓吹下，部分青少年陷进了崇洋的旋涡中。好在国家意识到问题的严重性，在听取社会各界的意见后调整国家法定节假日，将清明、端午、中秋等传统文化节日定为法定假日，这对弘扬传统文化、振奋民族精神、增强民族自信产生深远的意义。随着社会各界不断努力，年轻的一代慢慢地自信了！在2020年中国企业领袖年会上，娃哈哈董事长宗庆后表示："年轻一代已经不崇洋媚外了！"这是多么振奋人心的一句话！如今中国的年轻人不仅不再崇洋，而且他们对祖国的发展和

前景感到自信和骄傲！当下的中国更是成为疫情肆意的世界里那座明亮又稳定的灯塔！传统文化在其中发挥着至关重要的作用。因此，在教育中强调中华民族的传统文化是很重要的。小学数学教师应结合学科的特点，将传统文化融入课堂教学中。学生在掌握双基的同时，增强民族认识和提高民族自信。

二、让传统文化在小学数学课堂绽放

根据笔者了解，人教版小学数学教科书中打造了一片属于传统文化的天地。在笔者的统计中，人教版小学数学教材的《你知道吗？》和《生活中的数学》系列中有以下内容弘扬传统文化（如表2-8）：

表2-8

一年级	上册	古代的计时工具、用算筹表示数
	下册	七巧板、我国的货币历史
二年级	上册	九九歌
	下册	剪纸
三年级	上册	古代的分数
	下册	指南针
四年级	上册	古代计数的方法、算盘、田忌赛马
	下册	鸡兔同笼
五年级	上册	九章算术：方程、平行四边形的面积割补原理、围棋
	下册	九章算术：体积计算公式、约分
六年级	上册	庄子、刘徽、祖冲之、数形结合
	下册	古代负数的表示

人教版小学数学教材蕴含着丰富的传统文化，注重优秀传统文化在小学数学课堂教学中的渗透。教材的编写本就有意让数学与传统文化相结合。新时代教师应该让学生体验一次具有"传统味"的数学课堂！

比如：在学习乘法口诀时，教师可以播放古代学生朗读《九九歌》的视频让学生感受到古人学习氛围。而在复习课中，教师又可以利用我国四大名著《西游记》中孙悟空会七十二变，其在太上老君的炼丹炉历经七七四十九天炼成火眼金睛；猪八戒三十六变；唐僧师徒四人西天取经，经过十四年的努力，经历九九八十一难，取得真经功德圆满。《西游记》的故事生动有趣，这不仅调动学生的积极性，而且引导学生要学习唐僧师徒四人努力刻苦坚持的精神。比如：在学习"轴对称"时，播放"中国民间手工艺术世界级非物质文化遗产——剪纸"微视频给学生观赏，使学生感受中国五千年文明的璀璨，感叹古人的智慧，熏陶文化素养。比如：在学习"数学广角——对策"时，以动画的形式给学生讲述赛马的过程，师生再一起归纳、比较和总结出优化的思想。比如：在学习"圆的周长"时，教师还可以尝试放手让学生搜集有关我国古代数学家祖冲之的资料，了解祖冲之发现圆周率的故事，培养学生正确看待在学习过程中遇到的困难，学习数学家优秀的学习品质。

小学数学课堂融入传统文化元素让课堂更精彩的同时，也激发了学生的学习兴趣、体验数学来源于生活运用于生活、增强民族自豪感，培养爱国主义情感。

三、传统文化之花在校园里飘香四溢

传统文化教育的渗透不能只局限于这小小的教室，还应将传统文化之花绽放在更大的课堂当中——数学游园活动。数学游园活动中可以设置多种具有传统文化特色的项目。比如：七巧板。学生根据要求拼出相应的图样。在游玩的过程中，学生将实物与形态之间的桥梁连接起来，这对培养学生的观察力、想象力、形状分析及创意逻辑上都有巨大的帮助！比如：鲁班锁。学生在拆解和组装鲁班锁的过程中，放松身心，开发大脑，灵活手指，感悟匠心精神。比如：华容道。华容道可以开发学生的右脑，提升专注力、观察力和锻炼学生缜密的思维能力。同时还可以给学生介绍游戏背后的故事。

游园活动符合儿童的学习特点，与常规的课堂学习动静结合，相辅相成。数学游园活动中融入传统文化元素，增加活动的趣味性，提高学生学习数学的兴趣，进而提升数学素养。

四、总结

总而言之，我国传统文化博大精深。在小学数学课堂教学中渗透传统文化的方式多种多样，灵活多变。优秀传统文化与小学数学课堂相融合是新时代教育的趋势。作为新时代的教师应在教学实践中融合传统文化，让德育、智育、美育在小学数学课堂上并举。为祖国孕育有民族自信的下一代！

参考文献

［1］刘盈春.浅谈优秀传统文化走进小学数学课堂［J］.内蒙古教育，2020（3）.

［2］朱晓菁.让传统文化教育在小学数学课堂传承［J］.数学学习与研究，2019（22）.

［3］王涵.传统文化在小学数学教学中的渗透［J］.荆楚学术，2019（8）.

浅谈中国传统文化如何融入小学数学教学中

周雁红

一、创设具有传统文化的情景，渗透"传统味"，激发兴趣

数学课堂教学用新课程标准的话来说就是揭示数学知识的产生、数学的形成过程。但在教学中，我们关键在于把数学知识与现实生活相联系，引领学生能跨越时间和空间的限制，寻找知识发展足迹，从而感受数学和社会之间的变化。例如：我们在教学乘法口诀时，可以提前布置学生自己去收集材料，搜索乘法口诀的来源，并在分享交流中归纳所获得资料。老师则整合学生收集的各种资源，制作成课件视频播放给孩子们看。在生动的画面上配合优美的音乐，把乘法口诀的来源、生成、发展和演变过程直观地演绎在学生面前。让学生在感知文化产生的过程中学习知识的产生与相对应的历史性，在学生感知的过程中渗透所学内容的"传统味"。这样不但能激起学生的学习兴趣，增长见识，更能让孩子们感受历史形成过程的艰辛，懂得珍惜现有的学习机会，并成为学习的小主人。又如：在学习"数学广角——对策"时，我直接引用"田忌赛马"作为故事情景，一边播放故事的动画，一边使用语言技巧进行渲染，在讲述赛马的各个环节中，同时利用多媒体呈现对阵图，让学生在感知中经历、体验赛马的每一个回合，在此基础上学习最优化的思想方法，突破学习的重难点。学生在这样的具有文化味道的氛围中、感知学习知识的过程，并掌握所学知识。

在课堂中创建这样浓浓的"传统文化味"的活动情景，不仅激发了学生的学习兴趣，更提高了学生对传统文化的自豪感与使命感。

二、在学习中挖掘数形之美，让学生感受生活中的传统美

兴趣是最好的老师。小学生的好奇心很强，他们会对一切不认识的，不知道的"新鲜"事物充满着探究的兴趣。我国传统文化拥有悠久的历史，传统的图案种类较多，而且形式多样，它不但代表着中华民族悠久的历史，更代表着社会发展的不断进步。从传统艺术的千变万化中，到具有文化味道淳朴浑厚的传统图案中，我们可以清晰地领会到每个时代所具有的工艺水平，感受到中华民族一脉相承的文化传统。

在教学"轴对称图形"这一课时，我收集了大量生活中存在的传统文化图案直观展示在学生面前。例如战国时期的青铜镜、瓷器、文化长廊中的壁画等等吉祥图案，让学生在了解我国灿烂辉煌的文化历史的同时，感受这些文化历史带来的美感，并激发学生热爱祖国文化的情怀，在此同时又深刻感受到了轴对称图形带给我们生活中璀璨的美。再如在学习"图形的变换"这一课的教学设计中，我设计最后环节是：欣赏生活中的美。利用多媒体播放，搭配美妙的轻音乐，让学生欣赏我国传统文化中的建筑、风筝、脸谱、剪纸、花布等传统文化创作，充分体现中华优秀传统文化的价值所在，更让学生感受数学与生活的密切联系，学于数学，用于数学，从数学中发现生活的美。

三、挖掘教材，让传统文化引领知识的学习

数学的课堂，需要我们认真钻研教材，发现知识的联系，挖掘数学与传统文化的连接点，我们就可以运用教学语言的技巧将传统文化知识带进数学课堂中，引领学生体会传统的文化素养的同时学习新知。例如：教学"小数的意义"这一课中，我巧妙地运用了《三字经》的一段话导入新课："人之初，性本善。性相近，习相远。苟不教，性乃迁。教之道，贵以专……一而十，十而百。百而千，千而万。"在阅读《三字经》的同时，我巧妙地带领学生学习《三字经》中的传统文化知识以及做人和生活中的道理，深刻体会到传统文化语言的精妙，并借助"一而十，十而百。百而千，千而万"的含义，回顾了数位顺序表中的计数单位，为小数部分的学习铺下基础。也让学生对数位有更深

刻的理解。在此基础上继续引导学生理解小数的意义，在合作交流中逐步引导学生完善数位顺序表，实现对学习知识结构的完整性。这样的教学设计充分展示了传统文化的引领作用，更发挥了传统文化独特而强大的功能。让传统文化引领学生学习新知，感受传统文化语言中的博大精深，学习做人与生活的道理。

新时代下，我们会不断地更新知识体构，结合新形势下的教育理念对自身的教学方法进行再创新。在信息时代的今天，我们只有不断地学习，学习新时代下的产物，并会利用信息化时代产物的智能化教学手段，让课堂教学更高效，有更多的时间和空间培养学生的创新意识，发掘数学潜能和数学思维。在具有传统文化的氛围下指引学生对知识的探究和如何实践的过程。利用历史文化知识揭示数学知识的来源和与生活的联系，再一次还原数学知识产生的过程。在备课的过程中充分挖掘教材，让传统文化引领对知识的学习，感受数学知识的内涵，追本溯源，在传统文化熏陶下提高学生的个人素养。

总之，把中国传统文化融入小学数学教学中，是相当有必要的和有意义的。作为一名数学老师，我应该学习更多的传统文化知识，懂得传统文化中的内涵，不断充实自己认知的同时总结经验、积累教训，寻求适合学生需求的渗透传统文化策略。指引学生不断完善数学学习的思维构思，指引学生如何与传统文化产生共鸣，最终体会到学习的真正价值。

第三章　英语教学

第一节　教学案例

Journey to the West 教学设计

刘冰玉

《西游记》这部影视作品符合小学六年级学生的语言要求，作为活动课教学材料，其生动有趣的内容可以激发学生英语听说以及表演的兴趣，促进学生听说读能力的提高，同时也能帮助学生理解该作品蕴含的中华传统核心价值观。

【教学目标】

Objectives

Students are able to act any sections of this cartoon in which their speaking and listening skills can be improved.

Students are able to get the feelings of what communication in the foreign language is in daily life.

Students are able to comprehend the plots of Journey to the West so that they can learn the spirits of the characters which represents the core value of our nation.

【教学重难点】

Key structure and difficulties

Key points: Students are able to introduce the characters.

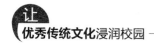

Difficulties: Students are able to explain and act the plots in order in English.

Teaching aids: videos, pictures of main characters, PowerPoint.

【教学方法】

Teaching Methods

Student centered approach

Task-based method

Demonstrating

Collaborating（classroom discussion）

【教学过程】

Procedures

Step One Warm up

Free talk. Ask students what four classical works of China are.

Sing a song of Journey to the West.

Step Two Presentation

Students watch the chapters of Journey to the West.

Ask and answer

Who are the characters?

What did they do?

Where are they?

What is their destination?

Step Three Production 1

Watch the chapters again. This time students should pay attention to the details.

Group discussion

Discuss the following questions that the teacher asks or ask their own questions and answer them.

Which character do you like best? Why?

What impresses you most in this cartoon?

Can you use some words to describe the characters? What are the words? Why do you use these words?

Can you see the spirits of the characters?

Step Four Production 2

Group work

Draw a mind-map in groups.

Retell the plots with the mind-map.

Do a role-play. And act the most favorite plot in front of the whole class.

Step Five Summary

Free talk. Summarize the plots with their own comprehension.

Try to analyse the spirits of the characters and eventually sum up the core value of this cartoon.

Share their opinions about what the core value is with the whole class.

在课堂的总结部分，学生根据自己的理解和体会用自己的语言去解读该作品的情节，可以分析人物的精神以及该作品的中华传统核心价值。

Step Six Homework

Choose one of your favorite plots and try to adapt it for a contemporary version, such as school life, family life and so on. And the value you consider as the most important one should be embodied in your adaption.

In the end, act your plot out in front of the whole class.

作业布置部分，学生需要选择其最喜爱的情节，将其改编为现代版本，可将背景设置为校园生活，家庭生活等。其中的要求是，一定要加以体现《西游记》中你认为最重要的核心价值观。

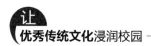

六年级上册 Unit 5 Chinese Traditional Festivals 教学设计

罗蕴玉

Warming up:

Listen to the songs or poems about Chinese traditional festivals.

Preparation:

Some guessing games. Let Ps look at some part of pictures or listen to the voice. Then they can guess what festivals they are.

Presentation:

Step 1 the Spring Festival

In the day of New Year's Eve, people not only sweep the family house cleanly, but also paste goalkeeper, couplets, New Year paste, hang door cage. People are dressed up with festival colors and patterned clothes.

Lunar New Year. New Year's Eve —December 30（Gregorian calendar in February 2）. New Year's Eve people tend to not sleep all night, called "stay up"（守夜）. On this day, the family always gather together to eat dinner.

Step 2 the Lantern Festival

Lunar New Year（Gregorian calendar, February 17）. The first month is January of the lunar calendar, the ancients called "night" on the 15th of the year the first full moon night, so called the fifteenth day of the Lantern Festival. Also known as the first month, the Lantern Festival or the Festival of Lights, is an important festival after the Spring Festival.

China is a vast country with a long history, so the custom of the Lantern Festival is not the same throughout the country, which eat the Lantern Festival,

Flower lamp, dragon and lion dance is the Lantern Festival, a number of important folk customs.

Step 3 the Tomb Sweeping Day

Tomb Sweeping Day - third lunar month（Gregorian calendar in April 5th）. The custom of the Tomb Sweeping Day is rich and interesting, in addition to pay attention to the fire ban, grave, there are still hikers, swing, kicking Cuju, playing polo, Wickers as well as a series of customs and sports activities.

Step 4 the Dragon Boat Festival

Dragon Boat Festival - fifth day of the fifth lunar month（Gregorian calendar in June 6th）. The day's activities evolved into eating dumplings, dragon boat racing, hanging calamus, wormwood, the leaves, smoked herb, Angelica, drink realgar wine, is one hundred bamboo do Hong slot, Wudu paste, paste operator, put the yellow smoke child to eat 12 red.

Step 5 the Mid-Autumn Festival

Lunar August 15（September 12 Gregorian calendar）. Mid-Autumn Festival in China is a very ancient custom. The full moon of the customs from the festival on the solemn ritual into a relaxed pleasure. "Private worship on the moon" become eager to reunite, recreation and well-being, always focused on in months. Setting up a large incense table, putting on the moon cake, watermelon, apples, dates, plums, grapes and other offerings, which moon cake and watermelon is absolute necessary.

Step 6 Homework

After class, the students can know more about these festivals from different ways.

五年级上册 Unit 5 School Lunch 教学设计
——Make Vegetable Soup
李　科

【教学内容】

中国饮食文化历史源远流长，博大精深。特选用广东人民出版社《英语（开心学英语）》Book 6 Unit 5 School Lunch 第四课时 Make Vegetable。

【教学目标】

（1）语言知识目标

① 能听懂、会说、会读本课重点单词，能适当拓展单词的积累和应用。

② 理解与熟练运用重点句型：Let me tell you how to make... We need some... First, I wash and peel...

Then, I cut... into pieces.

After that, I put... into... and cook for... minutes.

Later, I put in... and cook for... minutes.

Finally, I add some... and cook for... minutes.

Soon, the... is ready. You can have it.

③ 能够应用本课句型开展相关话题讨论和写作。

（2）语言技能目标

① Listening：能听懂教学过程中的提问和描述。

② Speaking：单词与句型的读音清楚，语调达意，能就本课话题进行对话和描述。

③ Reading：能熟读所学单词，正确朗读所学句型和文本。

④ Writing：能根据范文对自己和朋友进行书面介绍，单词和句子书写规范。

（3）情感态度目标

① 通能就"How to make..."话题与他人进行交流，树立自信心，增强对英语学习的喜爱。

② 创设情境引导学生健康饮食健康生活，烹饪分享，体验劳动的成功喜悦的情感教育。

（4）学习策略目标

在学习中通过看、听、讨论和思考，培养学生归纳总结能力，提高认知策略。

【教学重点】

围绕本课重点句型Let's learn how to make... we need some... First... Then... After that... Later... Finally... 进行交际活动并能进行适当拓展。

【教学难点】

运用本课句型进行描述食物制作的步骤过程。

【教学过程】

Step 1 Before reading

1. Sing a song

Do you eat fruits and vegetables every day? Yes, we do.

Do you have an hour sport every day? Yes, we do.

Do you play too much computer game, do you watch too much TV every day?

No, we don't.

Do you drink sugar-free drinks every day? Yes, we do.

Do you eat meat and eggs every day? Yes, we do.

If we live a healthy life, we'll have a good, happy life. Yes, we do.

2. Watch and say

学生观看视频，并读懂视频中倡导的52110健康快乐行。

Step 2 While reading

1. Present

Watch the video and know about how to make vegetable soup.

Put the pictures of cooking steps in right order. Present the steps of cooking.

Chant 'my vegetable soup'.

2. Practice

（1）Students listen to the talk between Jane and me on my WeChat.

（2）Choose and finish the steps of the cooking in my Email to Jane.

（3）Looking at the pictures, retell the steps of cooking.

Do you know how to make vegetable soup? Let me tell you.

We need...

First... Then... After that... Later... Finally... Soon, you can have it, Yummy!

Step 3 Post reading

通过前面几个环节的复习和学习，学生能够比较熟练地应用本课句型结构进行交流了，我就以我校布置五、六年级孩子五一假期中"做小当家"活动，他们在家为父母做饭菜，让他们在接下来的描述环节中有内容可写，有交流的内驱动力。（珠海是一个移民城市，孩子们从家中传承下来的拿手好菜体现了不同地域的特色，有湘菜、鲁菜、粤菜、川菜以及广东糖水等，在交流中传统文化融入其中）

Using the tips, write down the steps of their cooking.

Show their works.

Share their works and learn from each other.

Share their feeling to the activity of DIY cook book and the feeling to the lesson.

Step 4 Homework

（1）Sing the song Let's Go to the Market! （体现健康饮食理念）

（2）Make the vegetable soup for your family.（表达对父母的感恩）

（3）Learn to make a dish from your DIY Cook Book.（传统文化的交流）

【板书设计】

五年级上册 Unit 5 School Lunch 教学设计

赖洁露

一、Teaching objectives

Teaching aim: Students consolidate the knowledge that they've learned from Unit 5 school lunch.

Ability aim：Students' abilities of listening and speaking will be enhanced.

Emotional aim: Protect Traditional Chinese Culture, Students learn to traditional festival food and respect others job.

二、Teaching key points

1. Be able to listen, speak, read and write the new words.

2. Be able to read and use the new language structures.

3. Be able to know how to make Vegetable Soup.

4. Be able to know how to make Jiaozi.

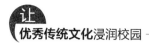
三、Teaching difficult points

1. Can spell the new words fluently and correctly.

2. Can recognize the differences of "need" and "have" by watching the pictures, and use them correctly.

四、Teaching aids

PPT, word cards, realia（computer games...）

五、Teaching periods: The Third Period

Step 1: Warm up

1. Sing a song: What does he need?

2. Review words with the cards in Unit 5.

1）Play guessing games: sugar, salt, tofu, juice, rice, meat...

2）Pair work（Making up dialogues, using the words and sentences）.

Do you have any...?

Yes, I do. / No, I don't. But I have some...

Does... have any...?

Yes, he does. / No, he doesn't. But he has some...

Step 2: learn to make Vegetable Soup

A：It's time for lunch. I'm hungry. Let's make our lunch together!

What do we have?

B：We have some_____.（potatoes/tomatoes/carrots/sugar/salt）

（Students read one by one or group work）

1. Let's learn to make: Vegetable Soup.

1）Let's watch: how to make vegetable soup.

1 Get the food   2Select the food   3Cook the food

2）What do we need to cook vegetable soup? Let's guess!

Do we need any_____? Yes, we do/ No, we don't.

We need _____.（3potatoes/4tomatoes/2carrots/1 spoon of sugar/2 spoons of salt）

3）We do these:

① Wash and peel the potatoes.

② Cut the potatoes, tomatoes, and carrots into small pieces.

③ Put the salt, carrots, and potatoes in water.Cook for 20 minutes.

④ Put in the tomatoes. Cook for 5 minutes.

⑤ Put in the sugar. Cook for another 2 minutes.

Now our vegetable soup is ready!

2. Read and act.

Step 3: learn to make Jiaozi

1. Let's discuss: how to make Jiaozi.

We need _____.

2. T: Jiaozi is the traditional festival food. We all like it.

Do you know how to make Jiaozi? Let me tell you about it.

There are five steps:

1）First you make the dough by mixing water into the flour.

2）The second step is to mince the meat.

3）The third step is to make the wrappings.

4）The fourth step is to put the filling in the middle of a wrapping. Then press the wrapping tight and a jiaozi is ready.

That is the last step. Put a pot of water on the stove. When you see the jiaozi floating in boiling water, you can put them in bowls or plates, get the chopsticks and be ready to eat.

3. Retell the steps of making Jiaozi.

4. Talk about more traditional Chinese food.

Step 4: Practice

1. Pair work: I want to cook_____. What do we have?

2. Let's write

I like____. I want to____. I have some____ and____. I need some____ and____.

3. Conclusion: Let the students talk about what they have learned in this period. Get together a good idea.

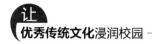

Step 5: Homework：

Read the words and recite Target.

Cook a dish for your family.

【板书设计】

Unit 5 School lunch
How to make

Vegetable Soup：   Jiaozi：

★ wash the potatoes   ★ make the dough

★ peel the potatoes   ★ mince the meat

★ cut the potatoes   ★ make the wrappings

★ put the potatoes in water   ★ put the filling in the wrapping

★ put in the sugar   ★ Boil the Jiaozi

六年级下册 Unit 6 Feeling Fun 教学设计

郭海茵

【教学内容】

Monkey King Fights White-Bone Monster（孙悟空三打白骨精）（Unit 6 Feeling Fun Reading and Writing）

【教学目标】

1. 语言知识目标

基本理解与掌握文章的内容意思，通过学习积累提高自身的词汇量，学会分析句子剖析意思。

2. 语言技能目标

提高阅读理解能力，学会根据问题检索提取关键信息，学会选择与判断；

复述故事与二次创造演绎。

3. 情感态度目标

提高学生对英语学习的兴趣；学会感受、交流分享；让学生对中国传统文化有一定的理解。

4. 文化意识目标

对传统文化有一定的认识，培养文化传承责任意识，尝试用第二语言展示博大精深的中国文化。

【教材分析】

本课出自广东人民出版社《英语（开心学英语）》六年级下册 Unit 6 Feeling Fun 的 Reading and Writing 的环节：Monkey King Fights White-Bone Monster。

【教学重难点】

通过通读、精读的阅读能力训练在文章中提取到关键的信息，提高学生的阅读能力；基本的句型与模式，尝试学习对其他故事的二次的创作与演绎。

【教学过程】

教学环节	时长	教学步骤（学生活动）	设计意图
Warming up	2 minutes	听英语版本的《西游记》的歌曲，尝试跟唱副歌部分 T：Which story does this song talking about? S：Journey to the West	破冰热身环节，活跃课堂氛围
Pre -reading	5 minutes	Step 1 Who are they? 认识西游记里的人物角色（分清楚人物角色的英文名：Tangseng, Monkey King, Pigsy, Sandy） T：Who's he? S：Monkey King T：Is he clever? S：Yes, he is. T：What can he do? S： 活动设计：Matching Practice	让学生自主陈述自己对《西游记》角色的刻板印象 渗透《西游记》的文学特色、人物本身的精神文化于英语课堂当中 拓宽学生的英语词汇，学会用形容词对于人物性格的概括

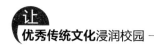

续　表

教学环节	时长	教学步骤（学生活动）	设计意图
Pre-reading	3 minutes	Step 2 Word Flashing 利用基本图片+句子填词结构，帮助学生清扫课本中的生词障碍，帮助学生理解文章意思	英语基础的巩固，从字词句层层构建 利用原句感悟英语单词，引导鼓励学生猜词义 减缓学生对阅读文本学习的陌生恐惧感，给学生构建学习自信
While-Reading	10 minutes	Step 3 Reading and Practice Read the story and finishing the task. Read Again. Answer the questions. Was Tangseng hungry and thirsty? How many times did Monkey King hit White-Bone Monster? Why was Tangseng very angry? Read and Judge （　　）Monster turned into an old man, and Monkey King beat him to death. （　　）White-Bone Monster turn into a pretty girl and come with food. （　　）Monkey King killed the pretty girl. （　　）Tangseng, Pigsy, and Sandy were in the magic circle. （　　）Monster turned into the girl's mother, and Monkey King hit her again. （　　）Tangseng, Monkey King, Pigsy and Sandy came to a big mountain.	完成课本的基本练习，利用课堂基础文本，同时在设计时候强调学生的做题习惯，必须在原文中画出原句 对于故事的大概有总体的判断能力 对于故事的情节发展能够有一定的掌握
	10 minutes	Step 4 Retell the story Students try to retell the story with the pictures from book	利用practice 2的故事的环节的排序，配合课本图片资源，以简单句子的形式重现展现故事的脉络，并引导学生用英语对故事进行二次的复述 此处学生可以对传统的文化进行储备的资源铺垫

续 表

教学环节	时长	教学步骤（学生活动）	设计意图
Post-reading	10 minutes	Step 5 Act it out Rewrite the story and act	分配好角色，学生根据剧本的格式要求，想象与设计人物的对话内容，该环节反馈学生节课对内容的吸收与效果。学生是否准确概括人物的特性和学生能自我输出呈现成品
板书设计			

板书设计

Monkey King Fights White-Bone Monster went to the west.

White-Bone Monster		Monkey King	Tangseng
	a girl	beat	angry
turned into	her mom	beat	angry
	an old man	beat / left	sad

作业设计	Video Homework: Act out the story Draw a poster to retell this story: Introduce anther story in the book of Journey to the West

五年级上册 Culture 2：Festivals 教学设计

李冬英

【教学内容】

本节课为广东人民出版社《英语（开心学英语）》五年级上册Culture 2：Festivals的第二课时The Chinese New Year。本节课围绕教材的重点词汇和篇章，进行了拓展，以中国传统节日春节的来历、习俗、意义为主线，四个教学板块让学生学习我国春节的相关知识和英语表达方式。

【教学目标】

1. 语言知识目标

（1）能听懂、会说、会读本课有关春节的单词，能适当拓展单词的积累和应用。

（2）理解与熟练运用重点句型：Why do you like the Spring Festival? Because I can get lucky money. I wish everyone a happy and healthy life! I wish China a great and prosperous country!

（3）能够应用本课单词和句型开展有关过春节的话题的讨论和写作。

2. 语言技能目标

（1）Listening：能听懂有关春节的提问和描述。

（2）Speaking：单词与句型的读音清楚，语调达意，能就本课话题进行对话和描述。

（3）Reading：能熟读所学单词，正确朗读所学句型和文本。

（4）Writing：能根据所给的单词和句型写出有关春节习俗的小短文。

3. 情感态度目标

（1）能就"the Spring Festival"话题与他人进行交流，树立自信心，增强对英语学习的喜爱。

（2）通过节日文化增进对亲朋好友的关爱，深入理解春节文化的内涵，增强学生的民族自豪感。

4. 学习策略目标

（1）通过歌曲演唱、文本学习、游戏竞赛、小组合作等方式，提高运用语言能力、合作学习和交往能力。

（2）在学习中通过看、听、讨论和思考，培养、归纳总结能力，提高认知策略。

5. 文化意识目标

通过对春节文化的深入了解，让学生懂得节日礼仪，增强民族文化意识，自觉尊重、继承和发扬中国优秀传统文化。

【教学重点】

围绕本课重点句型Why do you like the Spring Festival? Because I can get lucky money. I wish everyone a happy and healthy life! I wish China a great and prosperous country! 进行交际活动并能进行适当拓展。

【教学难点】

春节习俗的英文表达。

【教学过程】

Step 1 Warming up

（1）Sing a song. Happy new year, happy new year, happy new year to you all. We are singing. We are dancing. Happy new year to you all!

（2）Watch and say.

引出神奇校车来到学校，想了解中国的春节文化，教师出示本课的四个任务：说出新年的习俗、关于年的传说、发红包的习俗、其他习俗。全班完成任务后将奖励观看春节晚会经典小品。

Step 2 Mission 1. Talk about the New Year's tradition. （谈论春节习俗）

Play two games of A Lucky Dog and A Good Driver to practice the following patterns: the Spring Festival, visit relatives and friends,get lucky money, post couplets, hang lanterns, let off firecrackers, dance lions.

Step 3 Mission 2. Talk about the legend of Nian. （说说年的传说）

Teacher：It is said that the New Year is not always a happy day. It began with an ancient Chinese monster called Nian. Do you know this legend? （传说新年并非一直是欢乐的日子，它起始于一个叫年的中国古代怪兽，你们知道这个传说吗？）

（1）Students talk about what they know in groups and then watch a short movie about the legend of Nian in English. （讨论年的传说，观看有关年兽的视频）

（2）Read the passage and retell the story with the some tips. （阅读、回答问题）

In ancient times, every new year, the monster Nian came out of the sea, killing livestock and harming people in the village. A wise man told the villagers that Nian was afraid of loud noise, fire and red. So next year, the villagers beat the drums to make the loudest sound, lit all the firecrackers and put on red from head to toe. Nian was scared. It ran away and never came back.古时候，每一年新年，年会从海里出来，在村庄里残害牲畜，伤害人类。有一位智者告诉大家，年害怕巨大的声响、火和红色。于是，下一次年来的时候，村民们用力敲鼓，点燃所有的鞭炮，并且从头到脚都穿上红色，年吓得跑得老远并且再也没有回来过。

① What did the monster Nian do every new year in ancient times?

② What was the monster Nian afraid of?

③ What did the villagers do the next year?

④ Did the monster Nian come back since then?

Step 4 Mission 3. Talk about the customs of red packets.

Teacher: You have told a lot about the customs and traditions of the Spring Festival. And there is another custom that you kids like best, what is it? 你们说了很多有关春节的习俗。还有另一个你们最喜欢的习俗是什么？

Students: Receiving red packets. Saying "Wish you a lot of money!" 收红包。说"恭喜发财！"

Teacher：Do you also know the tradition of handing out red packets? 你们知道派发红包的传统吗?

Students: The older generation gives red packets to the younger generation, and parents, grandparents and members of married families give red packets to future generations and unmarried family members.老一辈给年轻的一代红包，父母、祖父母和已婚家庭的成员给子孙后代和未婚家庭成员红包。

Students: In Guangdong, red packets are also called Lishi. 在广东，红包又叫利是。

Teacher: Generally, married members give red packets to unmarried members, not only to relatives, but also to workmates, neighbors, and people they know. No matter how much money is, it is mainly for the sake of good intentions. 在广东，一般是已婚成员给未婚成员发红包，不光是给亲戚发，同事、邻居、认识的人都

会发，钱不论多少，主要是图个好意头。

Teacher: Now it's more convenient to send wechat red packet directly, and now people give out red packets not only in the New year, but also at any moment as long as there is a happy thing. The happy atmosphere adds a lot of color to life. 随着微信红包的流行，直接发微信红包更便捷了，而且现在人们发红包不仅是在新年了，只要有喜事就会在群里抢红包，那种快乐的氛围给生活添了不少色彩。

Step 5 Mission 4. Do you know any other customs?

Teacher: Apart from the above customs, are there any other customs during the Spring Festival? 除了以上习俗，还有什么其他习俗？

（1）On New Year's Eve, family get together for a big dinner in the evening.除夕晚上全家团圆吃大餐。

（2）Be sure to eat fish, it means every year the family has enough to spare.一定要吃鱼，那意味着年年有余。

（3）People in north China eat dumplings and people in south China often eat rice cakes.北方人吃饺子，南方人吃年糕。

（4）Families watch the Spring Festival Gala together after the big dinner. 吃完团圆饭一起看春节晚会。

（5）Waiting for the New year's bell to ring, cheering Happy New year. 守岁，等着新年的钟声敲响，欢呼新年快乐。

（6）Begin to pay New year's greetings to relatives and friends during the Spring Festival. 春节期间开始给亲戚朋友拜年。

Step 6 Summary

Students read the patterns on the blackboard. They passed all the four missions, they can watch the Spring Festival Gala for 10minutes. And teacher hope that they can donate their lucky money to those who are poor.

Step 7 Homework

（1）摘抄有关春节习俗的短语。

（2）做一张有关春节传统文化的英语手抄报。

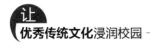
【板书设计】

五年级上册 Unit 2 Months 复习课教学设计

刘晓霞

【教学内容】

1. 语言目标

（1）Review the words and sentence.

（2）More reading and writing.

2. 知识目标

Learn to how to use the sentence patterns.

3. 情感目标

Stimulate students' enthusiasm for learning English.

4. 跨文化意识

Through the study of this unit, students know some words about months and able to describe activities we can do in each month.

【教学重点】

Master the language points

【教学难点】

Use the sentence patterns

【教学准备】

video, cards, PPT

【教学过程】

Step 1 Warming-up（热身活动）

（1）A song of Months.（唱一首关于月份的歌曲）

（2）Free talking.（自由讨论）

① How many months are there in a year?

② What's your favorite month?

③ Why?

Step 2 Practice 1（练习1）

Review the words in this unit.（复习本单元的单词）

① Sharp eyes.（火眼金睛）

② Spell games.（字母拼背游戏）

Step 3 Practice 2（练习2）

① Ask and answer.（句型问答）

② Pair work.（小组合作学习）

③ Look and match.（连线题）

winter holiday	May	summer holiday	December
Tree Planting Day	June	Teachers' Day	August
Tomb Sweeping Day	January	National Day	October
Mothers' Day	April	Thanksgiving Day	September
Children's Day	March	Christmas	July

④ Make sentences by looking at the pictures.（看图造句）

Step 4 Reading（阅读部分）

（1）Pre-reading.（阅读前活动）

（2）Look and answer.（看关于中秋节介绍的视频再回答问题）

What's this? It's a moon.

Do you know a festival about moon?（The Mid-Autumn Festival）

（3）While-reading.（阅读中活动）

① Watch a video about the Mid-Autumn Festival.（看一段关于中秋节介绍的视频）

② Watch again and choose the best answers.（再看一遍视频，选择最佳答案）

③ Read the passage and judge.（读一段关于中秋节介绍的文段，判断对错）

A.（   ）The Mid-Autumn Festival is a festival for families to get together in China.

B.（   ）The Mid-Autumn Festival is on July 15th of the lunar month.

C.（   ）Chinese people eat dumplings, moon cakes and fresh fruits on the Mid-Autumn Festival.

D.（   ）The moon cake is round.

E.（   ）Chinese people are happy in this festival.

Step 5 Talk about families' favorite months and festivals（谈论自己和家人最喜欢的月份和节日）

（1）Ask and answer：（四人小组问答自己和家人最喜欢的月份和节日）

What's your favorite month/festival?

What's your grandpa's/ father's/ brother's favorite month/festival?

What's your grandma's/ mother's/ sister's favorite month/festival?

（2）Fill in the form.（请根据表2-9提示填自己和家人最喜欢的月份和节日）

表2-9

Who	Favorite month	Favorite festival

（3）Do a report according to the form.（根据上表填的信息，做汇报）

Model：My....'s favorite month is... It's in...

His/Her favorite festival is... Because...

Step 6 Writing（请根据例子介绍你和你的家人喜欢的节日。不少于8句话）

Our Favorite Festivals

Hello. My name is Kate. My favorite festival is the Mid-Autumn Festival. It's in August of the lunar month. I can eat moon cake. My father's favorite festival is Chinese New Year. It's in January of the lunar month. My mother's favorite festival is May Day. It's in May.My brother's favorite festival is National Day. It's in October. What about you?

Step 7 Summary（总结）

Love your families, love yourself!（爱家人、爱自己）

Step 8 Homework（作业）

Review this unit and then finish a quiz about this unit.

【板书设计】

Unit 2　Months

Mid-autumn Festival

What's your favorite month/festival?

It's...

第二节 论文荟萃

浅谈深度学习下传统文化元素与漫画元素
在英语作业融合革新实践

郭海茵

一、研究背景与初衷

社会变化日新月异，未来社会的变化充满着不定性，但是唯一确定的是学习的重要性，学习是未来生存的重要的"武器""软实力"。时代有时代的特色，学习也有它传承的特点。两千年来，人们都在寻找学习的标准——从"百家争鸣"到"一家独大"，又再回到"各取所长"，从"头悬梁锥刺股"到"快乐学习"，"从减负减负再减负"到"考试改革改革再改革"寻觅了千千万万种方法。归根到底，从学生出发，需要寻找的是"适合学生的学习方法与途径"——找到适合他们吸收的内容，适合他们吸收知识的途径。教育者要与时并进，但传授的知识点的传统文化根源没变，我们需要做的是汲取传统文化其中的精华，融入信息化时代的教学特色。

而英语学习本身，从何入手？从知识架构搭建"单词—句型—篇章"层层结构，层层皆可入手，如何学习？从接收学科知识的顺序："课前预习—课堂思考—课后复习"，步步皆可跟上，深度学习是必选。本文从学生的英语作业融合革新出发，在迎合现在"双减策略"下，思考英语作业的布置点，优化学生的英语作业模式，让学生在有效的时间内更加高效和主动地完成英语学科任务。

二、学习理论与理论支撑

关于深度学习，根据加拿大著名学者Michael Fullan 认为其实就是一种新教学论，经过研究对比新旧的教学论，提出旧的教学论虽然会涉及技术的应用，但是教学的目标仅仅是传授必须掌握的内容。而真正的价值的学习应该是能够学以致用并有创新实践的（引自刘月霞、郭华《深度学习：走向核心素养（理论普及读本）》第一章）。而在深度学习的理论下，老师是一个主导、引导的角色，但是在传授教学知识之前，老师本身要对学习的资源进行研究与分析。深度学习中的三大能力——认知能力、人际能力和个人能力要充分利用，共同去掌握学科的核心知识，养成批判性的思维，同时和学生养成小组合作学习习惯，有一定的恒心与毅力，参与教学决策，做到小组合作学习，个性化教学。深度学习绝不是单纯地将课本的知识转移到学生的头脑里存储起来，而是要把外在于学生的、和学生没有练习的知识，在教学中转化成为学生的主动活动的对象从而建立意义关联，并通过学生个体的主动学习转变成学生成长的养分。（引自刘月霞、郭华《深度学习：走向核心素养（理论普及读本）》第二章）而刚好作业布置环节是对知识吸收的深入思考，从作业布置的革新出发，推动学生的学习的"主人翁"意识。

语言学科的学习都是需要记忆的积累与实际的应用的。在传统的英语布置的作业形式，抄抄写写的刻板内容其实是有一定的实际作用的。无论是艾克浩森的长时记忆、短时记忆、和瞬时记忆等认识，还是认知心理学家们提出的对于记忆的分类，无论是意识记忆、形象记忆等，在英语作业的布置形式上，充分利用记忆的形式，深化记忆内容。

三、研究核心与定义

文化要素本身就是英语教学中三维目标之一所要求的，在文化意识上其实要留意的不仅仅是输入英语母语世界的文化元素，现在更多要重视我们本身的文化，正确深入认识我们自己的传统文化。"以人之长，补己之短"的观念之下，其实更多也要认识到"己之长"。本篇论文的其中两个关键词"传统文化元素"和"漫画元素"——传统文化元素，关于文化的概念百家争鸣，借用余秋雨先生在中国文化课的解释定义，"文化，是一种成为习惯的精神价值和生活方式。它的最终成果是集体人格"。而传统文化就是对传承下来的一种精神价值与生活方式，生生不息的集体人格精神的传递。在呈现过程中它自然科学的结晶成果，也有呈现出来非意识形态地理历史和文学语言，更有明显浓厚的"中国精神"。而"漫画元素"作为一种艺术表现形态，一般它是用简单或者夸张的手法的展示生活的时事图画，更深层次会融合一些比喻、暗喻、影射的手法在其中。相较国画、水墨画、油画、水粉，漫画的操作简单入手，如学生所熟知的史努比、加菲猫等漫画题材都是从线条开始，最重要的是针对我们的学习者，漫画元素的内容他们吸收比较快，喜爱度较高，所以在学科融合选择这个元素。

四、学习教材的分析

漫画元素只要是在二次呈现中，以美术学科的成果呈现，基本上每一个课程都可以抽离出一个主题故事给学生进行创作，如六年级下册Unit 6的关于《西游记》的故事渗透里就可以使用。但是关于传统文化元素则需要对课本进行分析与研究，将传统文化因素挖掘出来。教学离不开基本大纲，但是我们可以深挖教材大纲里面的内容。本套教材粤人版《英语（开心学英语）》文化意识、输出意识肯定都有融合，但是可以反映出我们传统文化的单元课程，我大概罗列一下（如表2–10）：

表2–10

课本	单元名称	可融入传统文化元素
三年级上册	Unit 3 Animals	介绍国宝熊猫panda
	Culture 2：Animals and countries	
	Unit 4 My family	伦理纲常：中国传统特有的七大姑八大姨人物称呼与简化的uncle 、aunt、cousin
	Unit 7 Food and Drink	介绍中国饮食文化
三年级下册	Culture：Name	中国人的名字的构成
	Unit 6 Outdoor Fun	饮食文化：介绍我国的筷子文化
	Culture 2 Eating	
四年级上册	Unit 1 School Subjects	中国式学习
	Unit 2 School Activities	
	Unit 8 Helping At Home	学习中国传统的勤劳美德
四年级下册	Unit 5 Our Clothes	可以渗透中国传统服饰之美
五年级上册	Unit 1 Seasons And Weather	通过天气变化结合谚语了解传统的节气文化
	Unit 2 Months	了解中国的节日文化与习俗
	Unit 3 Dates	

续 表

课本	单元名称	可融入传统文化元素
五年级上册	Culture：Weather Around The World	了解我国天气特点（结合地理）
	Culture 2：Festival	传统节日与文化
五年级下册	Unit 1 Vacation plan	了解中国的地方特点
	Unit 6 Good Habits	传承传统美德，健康的生活习惯
	Culture 2 The Olympic Games	介绍2008年北京奥运会的故事
六年级上册	Unit 4 Keeping Clean	介绍自己家乡的变化
六年级下册	Unit 2 A Magic Day（more reading）	"神舟五号"的升空到今天"神舟十二号""天宫一号"的发射，了解我国的航天故事
	Review 1（Reading and writing）	学习传统故事《狼来了》
	Unit 5 Being Helpful	学习中国传统的勤劳美德
	Unit 6 Feeling Fun	学习英语版本《西游记》
	Review 1（reading and writing）	学习英语版本《花木兰》

五、学习对象的分析

小学英语处于英语的起步打基础阶段，基本上三、四年级的英语以兴趣与信心培养为取向，英语作为第二语言在三年级才开始手把手正式起步，五、六年级才转向进行尝试与应试接轨，所以小学阶段不同，相应布置的作业类型是不同的。

在小学阶段，传统常规的英语作业任务无非以下几种：抄写课文单词（并对单词进行翻译），专项应试训练（听力练习、阅读题、完形填空、写作训练）等，如果学生吸收程度相对较高，对基础掌握较熟悉的，则有思维导图和手抄报设计。笔者通过对本校学生作业类型进行调查发现，三、四年级口语作业完成类型如图2-18，三、四年级书面作业完成类型如图2-19。五、六年级口语作业完成类型如图2-20，五、六年级书面作业完成类型如图2-21。

而从布置作业的设计目的上来说，传统的抄写默写是针对知识文本进行刻板记忆的反复磨炼，但是多数学生对于完成这项任务的态度大多只是如同机器般地搬运抄写，对于学生的兴趣提升不大，它更多的功能在于训练学生的书写习惯，而默写任务的主要任务在于训练学生的短时记忆，应试练习则是对于考试题型的熟悉。

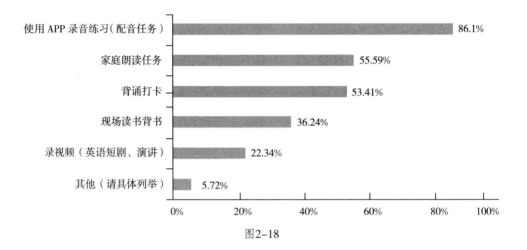

图2-18

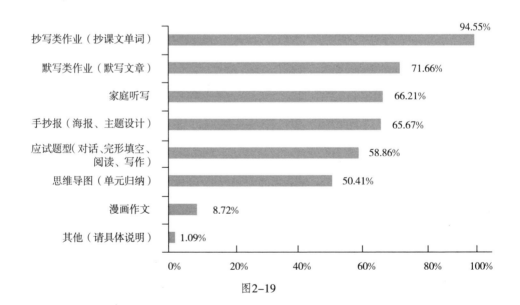

图2-19

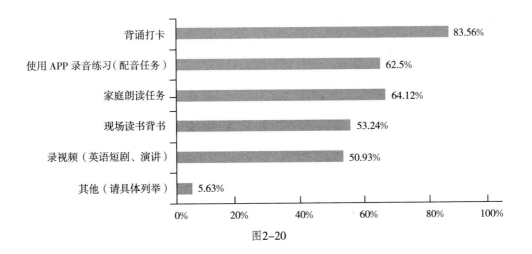

图2-20

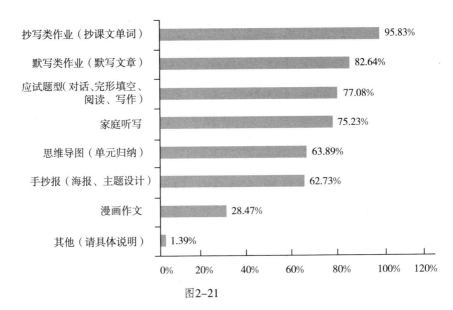

图2-21

　　但是针对学生的能力程度不一和目的驱导性不一的情况下，在布置作业上有所体现出来。三、四年级的作业布置以多媒体的配音任务和朗读为主，配音任务以利用多媒体资源引导学生的兴趣，但是到了五、六年级应试的痕迹就比较明显，多以背诵文本的类型的作业出现了。而在书面作业中数据都比较相似，多数都是布置抄写类作业为主，其他作业都均有布置。

　　但是作业作为课后巩固的一个重要环节，这个环节不同于课堂教学，老师直面面对学生，通过直观交流去感知学生的吸收程度。同时作业这个媒体工具在脱离老师的直接手把手教学的过程中，反映学生他个人的吸收情况。但是作业本身作为一种任务布置，其实对于部分学生是会带着不满、烦躁情绪来完成的。学生最不喜欢的英语作业排行榜如图2-22：

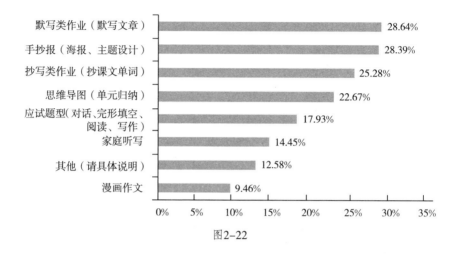

图2-22

这份数据得出来的结果，学生对默写作业的抗拒是和预期结果完全符合的，背后的根本原因如无意外则是学生现有水平和书本的知识量初始不对等引发的对抗情绪，当然还有学习常见的懒惰性作祟。但是对于部分吸收程度较高的同学，背诵任务于他们来说轻而易举，在磨合完之后，默写作业的正确率还是可以转换成学生的信心率。但是没想到排名第二的竟然是手抄报类，对于学生而言，这一点可能出现的情况在于部分学生本身的跨学科美术功底较弱缘故，同时对于家长而言孩子的手抄报作业估计也是一大噩梦，但是家长的噩梦大多数抓狂的在于看到孩子一脸迷茫地磨磨蹭蹭花大部分时间，却做了一份很丑的作业。

六、作业优化案例设想

针对本套教材，融合传统元素和漫画元素，结合关于创新类型的作业的意愿调查（如图2-23），我对英语作业优化方案有以下几种设想：

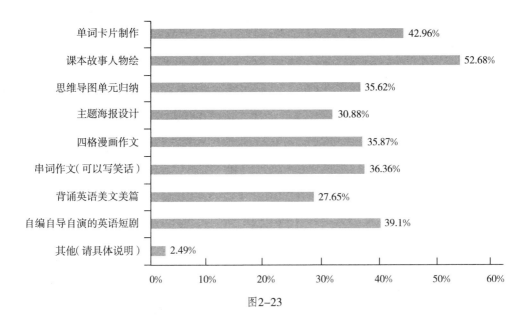

图2-23

革新的作业类型现在还不能完全脱离现有的模式，我们只能从现有的模式里进行创新改革。所想到如下：单词卡片制作、课本故事人物绘、思维导图、主题海报、四格漫画作文、串词作文、美文背诵、英语短剧等，学生还提及英语电影资源等等。现在详细介绍一下几类方案：

（一）关于书面作业部分

1. 抄写类作业融合漫画设计

在过去传统的抄写的作业中，英语单词抄写的模式普遍为一行4—6个，附带中文意思，帮助学生在重复的抄写中记忆单词。但是在记忆单词中，学生容易出现的其中一种情况是学生本身对拼音文字记忆能力较弱，如此以来对于英语的单词与中文的联系记忆随之往后记忆也会慢半拍。印象记忆的类型同时也分有形象记忆型、情绪记忆型、逻辑记忆型、动作记忆型。所以针对学生的记忆增加多一个渠道，关于中文部分的意思，给学生自由发挥的空间，让学生自己图画加深印象。对于学生来说，在翻译的那一栏，以单词cloudy为例，学生对写"多云的"和画出云朵相比，简单的一个转换就可以提高学生的兴趣。

2. 单词卡与游戏的进阶设计

在单词作业的设计里，或许有第二种突破的模式。在围观英语学习的方法中，有一种是随身背诵的单词卡。这里的话可以让学生自己设计单词卡，如常见的有正反面（正面英语、后面图标）或者上下面（上面图标、下面英语）的类型，让学生自己制作自己的单词背诵卡，高年级的同学可以养成背单词的习惯。

在单词卡的利用上如果空间适合的话，可以用作游戏教具，初级版本可以做简单的matching game，高级版本在单词卡上的内容可以设计为情景句子，一般适合大多数的情景，那么学生可以用来作桌面的大富翁游戏的教学，但是在后阶段如果利用到大富翁的情景句子练习，则在游戏规则上要预先设定。例如六年级下册的教材里就可以充分利用《西游记》的人物故事进行设计，生词"found"的关联句子可以是"Monkey King found many fruits"（游戏里就可以前进一格），生词hurt的关联句子，"Tangseng hurt his foot"（游戏里就可以暂停一回合）等等。

3. 思维导图的设计

思维导图的现阶段设计是比较普遍的。利用其逻辑部分，对知识进行归纳整理，但是这里的基础铺垫以英语单词之间的联系为主，但是学生停留的部分仍在课本单词内部联系，思维导图的拓展作用并没有发挥到极点。但是这里的思维导图能够基本起到巩固的作用，但是希望能借此起到拓展延伸之效。例如五年级下上册Seasons and Weather的设计中，大部分学生思维导图的简图结构（如图2-24，左），单纯的季节和天气的变化，但是如果教师引导学生结合我们中国传统二十四节气从而学习天气与季节这个单元（如图2-24，右），那么相信学生对本单元的知识吸收会更加快速。

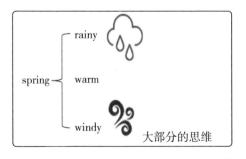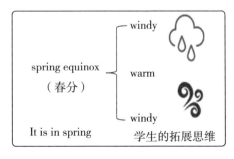

图2-24

4. 主题海报的设计

主题海报以两种模式进行设计，一是贴合我们的本身的作文训练，整篇文章式样。以某个特定主题进行写作，文章修改整理完成后对边框背景再进行修饰，例如四年级上册Unit 8 Helping At Home的知识点就可以融合实际情景在Mother's Day 的活动内容，从而让学生为母亲节献礼制作一份海报，这样一举两得。二是以板块组合法进行拼装的海报，参考的就是日常所见的手账（handbook）为例子，融合五年级下册Unit 1—3的知识点，做一份假期计划（vacation plan）。

5. 串词作文

串词作文的主要目的是想鼓励学生运用生词进行造句，鼓励学生自主学习，自己解决生词意思之后，利用生词进行造句和篇章写作练习，这类作文主题不限制，允许学生天马行空进行创造，同时鼓励学生的想象力与创造力。但是在近期的思考中，如果将课本的重点单词串词串到我们已知的童话故事里，对传统故事进行改编，例如把六年级上册Unit 1 Feeling Sick中headache、toothache、 stomachache、have a cold和have a fever等几个生的单词融入大家耳熟能详的《龟兔赛跑》的故事中，相信孩子的兴致又会增加两分。

6. 漫画作文的设计

漫画作文的设计主要是两个部分，一个是文字内容，一个是图画环节。 在文字内容的选择上，偏向性是选择有些情节性的故事写作或者具有典型人物个性的故事，如六年级下册Unit 3 A Lucky Day介绍幸运的一天的故事和Unit 6 Feeling Fun中《西游记》的介绍，但是在图画环节要求，有两种模式：一是一格人物介绍，二是四格漫画。对学生的要求则不必要向美术学科看齐，毕竟不是所有的学生都擅长绘画。这也是为什么选择漫画的一个原因，漫画本身还有一个性质是可以以黑白线条进行描绘，所以鼓励学生画出基本轮廓与形象，让图画与文本有一定的形象感即可。

（二）关于口语作业部分

1. 情景短剧演绎

英语口语练习一般从句子开始进行练习，不用特别的复杂，可以利用课本的句型设定好情景变成一个很好的短剧资源。如六年级上册Unit 1 Feeling Sick的重点句型，这是我的学生的经典案例：

S1：Hello, my brother. How are you?

S2：I am not fine.

S1：What's the matter you with you?

S2：I have a headache.

S1：You should drink some hot water and stay in bed.

虽然对话简单，但是学生一副很社会的样子像极了多年之后老板们的小学聚会碰面的故事，把对话演绎得活灵活现，这样子学生对英语学习多一种选择渠道。

2. 课本资源演绎

课本资源的演绎上可以对课本的故事进行选择筛选，例如在六年级下册的《西游记》的故事可以进行剧本整理，在课上学生可以根据此故事演成课本剧在班级展示。《西游记》是我国传统文化文学内容，虽然在小学阶段的句型和高级词汇不多，但是依靠小学阶段的词汇和句型也足以将大概的故事还原，以及表达出来人物的特征，将传统文化内化后重新消化吸收，再作成果展示输出，这是一种元文化的输出，英语的文化意识不仅仅对于外来输入文化的吸收，其实还有一环是本国优秀文化的输出渗透。

3. 进阶短剧创作演绎

课本的资源总是有限的，但是学生依托课本的拓展延伸可以是对于故事的改编和故事的重新塑造，以六年级下册Unit 6为例，其中关于《西游记》的故事总体来说只有两篇——一篇是《三打白骨精》的简介和一篇故事与人物介绍，但是《西游记》文学中的九九八十一难，单纯以两个故事讲完，根本是不可能的。而小学六年级在语文课程的辅助上，基本上大部分的学生已经接触过《西游记》故事，那么在英语课程上就可以充分利用其资源进行拓展，如改编的故事可以有车轮国、真假猴王等故事。但是在这个阶段出现的一个硬梗——学生的词汇量句型结构有限，还是就是学生的台词功力有限。所以这里的话学生在编排的时候，本身角色、台词分配要根据学生的程度而细致划分，希望能做到人人有话说，能演到他喜欢的角色。在单词的解决方案上，偏向于鼓励学生自主查找单词意思，鼓励学生自主造句，但是老师的作用则是在旁边做语法修改。

七、预期初步效果与反思

大部分的创新作业我在我任教的班级（一个五年级、一个六年级）有所初步的引导与创新，但是大概初步效果如下，并以☆来大概给出初步的可操作性。但是每个班的班级性格不一样，所以以下结果仅作参考。

（1）抄写类作业（自配图）：学生对作业呈现出热情与积极性，覆盖率和完成质量比较高。但是容易出现个别学生作业本的排版有出入，容易花费更多时间在配图上。整体操作性：☆☆☆☆。

（2）单词卡（包含游戏设计）：尝试从字母卡与简单入手，配合完成度只有60%。单卡重复实用度较低，因为课程设计的单词一单元一套联系性较弱。除非利用单词卡设计好全套的游戏，那么单词卡的实用度可以提高。整体操作性：☆。

（3）思维导图（单元归纳）：已成体系，学生普及度较高，但是学生停留在课本知识本身，大多数停留在书本，没有意识沿着思维导图自己拓展。整体操作性：☆☆☆☆。

（4）串词作文：最能激发学生的创造力，学生热情度较高，学生也相对容易配合，但是学生的句子语法出现较多，需要留意纠正。整体操作性：☆☆☆☆☆。

（5）主题作文：与传统作文相似，学生接受程度较快，但是学生热情度不高，要一步一步引导，从边框设计引入到情节人物的设计。整体操作性：☆☆☆☆☆。

（6）漫画作文：学生的热情度较高，完成度也高，已成体系。但是学生的句子语法出现较多，需要留意纠正。整体操作性：☆☆☆☆。

（7）课本剧演绎：对于课本故事演绎，学生愿意参加，但是学生的展示热情不高，而且课本内容要精选，鼓励学生要自主创造亮点。整体操作性：☆☆☆。

（8）进阶短剧创作演绎：难度性较大，要大量地铺垫。学生的词汇量和句型欠佳，所以前期要辅导铺垫。整体操作性：☆。

基本上，所思考到的方案都是可行的，毕竟学生对新的事物有一定的好奇心，积极性与热情，但是要考虑到以下几点：

（1）考虑相配的辅助支援设计，特别是拓展部分如单词卡配套的游戏设计、进阶的剧本的设计，主题海报设计等。

（2）融合的元素（无论是传统文化元素与漫画元素）都要依托本身的基础，不能让学生产生太长的跳脱感，因为多重的畏惧感会让学生产生抵触情绪。

（3）所有的环节设计都必须由浅入深、环环相扣。因为创新性环节的目的在于让学生培养兴趣，高效地完成英语作业，以漫画作文为例子，文字的主题出自熟悉的课本，情节设计的绘画对于学生的要求以简单线条表达为主即可。

八、总结

在"双减"的政策之下，小学的英语模式必然需要改革。而改革的覆盖面必然从课前的备课、课堂的上课、课后的巩固面面俱到。英语作业的设计革新是其中的一环。深度学习要求我们老师自身要投入到学习当中，同时也要主导、组织学生积极参与小组学习活动，共同学习核心的基本知识，养成批判性思维能力。在小组学习活动中，要充分考虑到学生的主体意识。所有的革新、创新都要建立在学生的"最新发展区"，并鼓励学生与其建立主动意识联系。相信这样子，学生与老师都能在教学（学习）活动中共同成长，找到属于自己最适合的教学（学习）模式。

参考文献

［1］郭华，刘月霞.深度学习：走向核心素养（理论普及读本）［M］.北京：教学科学出版社，2018.

［2］中华人民共和国教育部.义务教育英语课程标准［S］.北京：北京师范大学出版社，2011.

［3］Jack C. Richards，Theodore S. Rodgers，Approaches and Methods in *Language Teaching*（*Third Edition*）［M］.Cambridge：Cambridge University Press，2014.

中国传统文化融入小学英语课堂之浅析

刘晓霞

为了实现中国传统文化渗透进小学英语教学的过程中，首先，教师要加强自身的中国传统文化和西方文化的对比学习，了解中国传统文化和西方文化的精髓和底蕴、共性和差别，具备中西方文化交流和中国传统文化传播的意识。其次，在英语的课堂教学中，教师要充分利用和发挥汉语文化的作用，有效地对学生渗透中国传统文化，并引导学生在生活中对外传输中国传统文化。在将中国传统文化渗透进小学英语教学的过程中，教师还应该鼓励和督促学生在其课余时间，通过各种途径，自主地对我国传统文化以英语语言的表达形式传达出来。在中国传统文化渗透教学的过程中，教师可以通过向学生推荐相关中国文化的书籍及阅读材料，引导学生通过相关的媒介，例如报纸、电影、歌曲或者网络等资源来充分了解我国传统文化内涵。这样做不仅能够调动学生学习中国传统文化的自主性，还能够有效地培养学习者的跨文化交际能力。作为一线英语教师，下面就此话题谈谈笔者如何在日常英语教学中融入中国传统文化，培养学生跨文化意识的能力。

一、中华文明礼仪之美

我们中华民族自古以来都有"礼仪之邦"之称。笔者在课前让学生利用网络搜索中国古代人们见面时如何行礼、打招呼，并在课堂上让学生穿上古装进行表演。在这个过程中，学生们不仅能了解到古人对于行见面礼的讲究，更懂得当今不少正式场合，如何行礼打招呼而不失分寸也是很有讲究的。在此基础上，笔者通过视频让学生可以学习一些简单的英语打招呼用语，如 "Hello" "Good morning" "Good afternoon" "Good evening" "Good night" "How are you？" "Nice to meet you" 等，以及 "Goodbye！" "See you" "Take care" 等西方人在分别时使用的礼貌用语。在掌握这些词汇后，笔者创设情景让学生和老师、同伴、父母交流使用这些英语。感受中西方文化的差异。

二、中西传统节日融合

小学英语教材中越来越注重中西方传统节日的融合，如广东省粤人版《英语（开心学英语）》五年级上Unit 3 中的阅读部分是介绍西方国家的人们怎样过新年和中国人怎样过春节的。因此，在讲授这部分内容时，笔者会首先询问学生们对于中华传统节日的了解，并引导他们自己收集关于西方人庆祝新年和中国人庆祝春节的相关资料，可以是视频介绍，也可以是图文介绍，以此了解东西方新年的来历。还可以给学生一些学习任务，让学生写出西方人民在新年和中国人民在春节的庆祝方式和吃的食物，如下表2-11：

表2-11

	New Year's Day	Spring Festival
Date		
What to do?		
What to eat?		

在课堂上引导学生让学生将西方新年与中国春节进行对比，学生们都能主动讲述这两个节日的习俗和含义。这不仅使学生们保持高涨的学习热情，而且通过合理的引导也能让学生再次深入了解中国的传统节日，感知中西方文化的差异。民族自豪感和自信心也得到了进一步提升。

三、中西传统服饰之美

中西方因为地域、文化的不同，所以人民所穿戴的服饰也存在各不相同。如中华民族各个民族、各个朝代的服饰都不同，所以也造就了中华民族灿烂的服饰文化。如在讲授Clothes这个单元时笔者会让学生去查阅中国各个朝代、各个民族的服饰，再让学生去查阅一些西方国家的传统服饰并在课堂上展示。以此激起学生的学习兴趣。在课后可以让学生设计自己喜欢的衣服（可以引导学生融合中西方服饰的特点进行设计），并用所学知识，如，形容词（short, long, beautiful, colorful, cute……）和颜色单词（red, yellow, green, blue, black, white, pink, orange, grey……）进行介绍，达到学以致用的目的。

四、中西餐桌礼仪之美

中国人自古以来就特别注重饮食文化，所以中华的餐桌礼仪也是源远流长。中西方除了饮食习惯不同，餐桌礼仪也存在明显差异。笔者在讲授Foods这个单元时，笔者首先让学生在网上查阅中西方的餐桌礼仪。在课堂上学生们提及了中国的餐具摆放、座位安排、就餐气氛、"酒"文化、茶文化、待客之道等。这些餐桌礼仪无时无刻不透露着中国人尊老爱幼、热情好客、温文儒雅等美德。学生们也对西方餐桌礼仪娓娓道来，如：左叉右刀、主菜礼仪，水果及甜品礼仪等。课后笔者还让学生在家中实践课堂上学到的中西方的餐桌礼仪。在教授关于食物的单词时，可以引导学生利用思维导图（如图2-25）的方法列举中西方饮食的不同。从中对比感受中国优秀传统文化的博大精深。

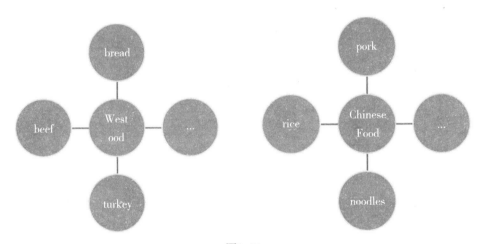

图2-25

五、根植爱国之情

教师应把握住教材内容中对于我国在政治、经济、科技、文化等领域所取得成就的表达，将爱国主义情怀深深植入学生心中，增强其民族自豪感。例如：六年级下册Unit 2 A Magic Day 有一篇阅读短文Great Days是介绍中国航天员的。教师可引导学生观看神舟五号、神舟六号、神舟七号、神舟十二号等，五星红旗成功登陆月球、成功出舱、在太空拍摄地球等视频，让学生了解中国在太空探索事业中取得的伟大成就，了解祖国的大好河山，让学生感到无比兴奋与自豪，民族自豪感油然而生。本课将情感教育、个人理想与语言学习有机结合起来，巧妙地培养了学生们的家国情怀。在教授Sports这个内容时，可以让学生先观看2008年中国举办奥运会的视频介绍，让学生感受中国体育事业的发展。在教授运动项目时笔者加入中国古代和少数民族的运动项目，如，kick the ball（蹴鞠），wrestling（摔跤），Chinese golf（捶丸），polo（马球）等，让学生了解中国体育事业的发展历程，感受祖国的强大。

随着中国的不断发展，国家的不断强盛，中国的世界地位正在逐步提高，中国文化也正在走向世界。在小学英语教学中，英语教师要注重中西方传统文化的融合，让学生随时可以感受到中华传统文化的力量。这样，才能真正达到了传播、弘扬传统文化的目的，提升学生应用英语的境界。

参考文献

[1]中华人民共和国教育部.义务教育英语课程标准[S].北京：北京师范大学出版社，2011.

[2]叶胜年.中西文化比较概论[M].北京：首都经济贸易大学出版社，2011.

第四章 体育教学

第一节 教学案例

"踢毽子"教学设计

年级：二年级　　　课时：第2课　　　学生：50人　　　执教老师：陈钊杰

学习目标	1. 运动参与目标：培养学生参与体育运动项目，使学生自觉形成锻炼的习惯 2. 运动技能目标：通过练习激发学生兴趣，使学生掌握踢毽子的动作和方法，并能连续踢毽子 3. 身体健康目标：发展学生的空间感知能力和身体协调能力 4. 心理健康与社会适应目标：培养学生良好积极的生活态度和团队协作精神	教学器材	毽子若干 篮球场空架层
教学内容	1. 踢毽子 2. 素质练习		
重点	屈膝上摆，膝外展，踢毽子脚踝要端平	难点	踢毽子的稳定性和连续性

顺序	达成目标	学习内容	教师活动	学生活动	时间	次数	备课补充栏
开始部分	1. 培养学生良好的组织纪律和行为规范 2. 充分热身避免运动损伤	1. 体委整队，报告人数 2. 师生问好 3. 热身跑 4. 活动关节操	1. 整队，报告人数 2. 师生问好，检查服装 3. 宣布本课内容 4. 强调安全	1. 师生问好 2. 四列横队，队形疏散 3. 热身运动	5	1	

续 表

开始部分	3.掌握运动安全知识		5.安排见习生 6.热身运动 a.头部运动 b.肩部运动 c.髋部运动 d.手腕、膝关节 e.体侧运动 f.体前屈运动 g.波比跳 h.胯下击掌	要求：注意安全，动作规范			
基本部分	1.让学生了解毽子特性 2.学生掌握踢毽子的方法和技巧并懂得运用 3.培养学生团结协作、互帮互助、共同解决问题的精神 4.培养学生养成良好的身体姿势 5.发展学生耐力、速度、灵敏素质	1.体验踢毽子，了解毽子特性 2.了解"盘（脚内侧踢）"踢法 3.掌握"盘"的踢法和要点方法：左（右）腿支撑，右（左）大腿带动小腿，屈膝上摆，膝关节外展，小腿上摆踢毽子的一刹那，踝关节内屈端平，用脚弓内侧将毽子向上踢起。要点：屈膝上摆，膝外展，踢毽子脚踝要端平	1.学生自主体验踢毽子 2.教师讲解示范脚内侧踢毽子，对动作进行分解示范再到完整动作教学 3.组织学生进行练习： a.无球踢练习 b.有球踢练习，自主抛踢毽子练习 c.两人互抛踢毽子练习 d.多人互抛互踢的练习 4.练习过程中巡回指导，纠错 5.老师组织踢毽子比多游戏（个人、小组比赛） 6.老师组织学生进行素质练习，提醒学生注意安全	1.集合，四列横队，两臂距离散开 2.无球、有球踢练习 3.组织人手一球，原地尝试踢毽子，自由发挥 4.组织学生进行踢毽子练习 注：四列横队 a.无球、有球踢练习 b.一组牵绳一组踢毽子练习 c.互抛互踢 5.个人、小组间进行内侧脚踢毽子比赛	30	2	

续 表

		4. 练习 个人： a. 空踢练习 b. 牵绳练习 c. 个人练习 小组： a. 悬踢练习 （两人一组， 一人拎一人 踢） b. 多人互抛 互踢	7. 踢毽子比多游戏 8. 素质练习： a. 高抬腿， 30S×2组 b. 弓步跳， 30S×2组 c. 25×2折返跑， 25*2/2组	6. 体能 练习： a. 四列横 队，练习高 抬腿和弓步 跳 b. 4人/组练 习折返跑 接力			
基本 部分							
结束 部分	音乐背景下 放松身心	1. 放松拉伸 2. 小结，互评 3. 师生再见	1. 组织放松拉伸 2. 组织放松拉伸	1. 认真进行 放松 2. 积极回应 老师评价， 生生评价 3. 师生再见	5	1	
预计 运动 负荷 中	平均心率	125次/分钟	预计练习密度	50%—55%			

"跳皮筋" 教学设计

年级：二年级　　　　　　　　课次：第1次　　　　　　　执教老师：蒋　莹

学习 目标	1. 认知目标：通过教学，使80%以上的学生能基本掌握跳皮筋的点、踩、迈动作方法 2. 技能目标：发展学生身体灵敏，柔韧素质，提高身体的协调能力 3. 情感目标：引导学生积极认真地进行练习及创新，并能与同伴友好相处，培养团结协作相互配合的良好品格

续 表

教学内容	1. 游戏：石头剪刀布 2. 韵律操 3. 跳皮筋 4. 游戏：开火车				
重点	点、踩、迈的动作掌握		难点	将学到的动作进行组合创编出新的玩法	

顺序	教学过程	教师活动	学生活动	运动负荷	
				时间	次数
开始部分	一、课堂常规 1. 体委整队报数 2. 师生问好 3. 宣布学习内容提出求 4. 安排见习生 二、热身活动 1. 队列队形 2. 小游戏：石头剪刀布 3. 韵律操	一、课堂常规 1. 集合整队，清点人数 2. 师生问好 3. 宣布本次课的内容 4. 安排见习生 5. 提示安全及纪律要求 二、热身活动 1. 口令清晰，指示学生进行练习 2. 讲解游戏规则，组织学生进行游戏 3. 带领学生充分活动身体各关节	一、课堂常规 1. 学生认真配合教师进行课堂常规 2. 成四列横队站立 ▲ × 二、热身活动 学生积极练习，充分活动身体各关节	1分钟 6分钟	1次 1次
基本部分	一、跳皮筋 1. 点：一脚原地跳动一次，另一脚随之跳起用前脚掌点地 2. 踩：单脚踩皮筋，两脚依次踩皮筋，两脚交叉踩皮筋	一、跳皮筋 1. 教师讲解示范动作要领 2. 组织学生进行四人分组练习 3. 教师巡回指导 4. 学生展示 5. 教师小结 二、练习 1. 教师讲解示范 2. 组织学生进行分组创编动作组合	一、跳皮筋 1. 认真听讲，模仿教师动作 2. 积极和教师互动回答问题	15分钟 15分钟	3—4次 2—3次

续 表

基本部分	3.迈：一腿自然弯屈从皮筋这一边迈过另一边 二、配童谣练习《头顶长出大西瓜》 三、素质练习游戏开火车	3.分组展示 4.学生互评，教师小结 三、游戏 1.讲解游戏规则 2.组织学生进行练习	二、练习 1.团结协作，小组合作与创新 2.节奏一致 三、游戏 1.认真听清楚游戏规则 2.分小组合作练习	3分钟	1—2次
结束部分	1.放松 2.小结，评价 3.师生再见，下课	1.组织学生进行放松活动 2.小结学生本次课的表现，进行师生互评、学生自评 3.再见，下课	1.积极进行放松 2.踊跃回应老师的评价，并进行自我评价 3.师生再见，下课	3分钟	1次
器材场地	皮筋若干条、固定箱若干个、音箱	平均心率	125—135次/分钟	预计练习密度	50%—60%

"跳房子"教学设计

年级：二年级　　　　　单元课次：1　　　　　执教老师：李颖怡

学习目标	1.认知目标：让学生了解跳房子游戏，学会几种跳房子的方法 2.技能目标：发展学生的灵敏、平衡能力，提高下肢力量和身体协调性 3.情感目标：培养合作意识、创新意识，通过学习参与游戏让学生体验成功的乐趣
教学内容	1.跳房子 2.游戏：比比谁爬得快

重点	单双脚跳的方法		难点	创编多种跳房子游戏		
顺序	教学过程	教师活动	学生活动		运动负荷	
					时间	次数
开始部分	一、课堂常规 1.集合整队，清点人数 2.师生问好 3.宣布本课内容 4.检查服装 5.安排见习生	1.教师整队，师生问好，讲解本课内容，创设青蛙乐园建房子情境，激发学生学习兴趣 2.教师讲解课堂要求和任务	1.体育委员整队，报告人数 2.学生迅速站队，保持安静，学生认真听课堂要求 组织： 要求： 1.集合做到快、静、齐成四列横队站立 2.注意力集中，精神饱满		2分钟	1次
	二、热身游戏 1.游戏热身跑：绕圆圈跑（慢跑、模仿动物跳） 2.健身操《小跳蛙》	1.教师带领学生热身跑，途中教师依次说出动物名字和静止口令 2.教师带领学生做健身操	1.学生成纵队跟随教师慢跑，中途根据教师发出口令模仿动物跳和静止动作 2.学生认真做操，模仿教师动作，充分活动各关节 组织： 要求： 1.精神饱满，集中注意力，注意安全 2.充分活动开身体各关节		7分钟	1次

基本部分	一、跳房子 1. 挑战一：连续单脚跳 2. 挑战二：连续双脚跳 3. 挑战三：单双脚交换跳（跳房子）	1. 教师组织学生观看平板，讲解单脚跳圆圈摆法及跳法 2. 讲解双脚跳跳法，要求落地轻巧 3. 讲解单双脚交换跳的方法 4. 引导学生创新跳房子的摆放和规则	1. 组长带领观看平板，遵守规则 2. 讨论和学习单脚跳、双脚跳和单双脚交换跳的方法后，进行跳房子挑战 3. 各小组学生经过讨论后，合作创新多种多样的房子，并完成挑战 4. 各小组依次到其他组串门练习 组织： 要求： 1. 落地轻巧，认真练习，遵守规则 2. 各组成员积极参加与合作建造本组房子 3. 欣赏同伴成果，共同体验多种多样的跳房子游戏	18分钟	多次
	二、游戏：比比谁爬得快 学生集合到指定的范围，听老师发令后，在规定的时间内爬行到自己小组摆放的圆圈里，视为成功	1. 教师讲解游戏方法与规则，示范爬行方式 2. 组织游戏2次至3次	1. 在老师的指挥下爬行到各组圆圈内守护房子 2. 按要求爬行 要求：听从指挥、遵守规则、注意安全	8分钟	多次

续 表

结束部分	1. 放松活动 2. 师生小结 3. 宣布下课，回收器材	1. 在音乐中，引导学生做放松 2. 对本课的收获总结 3. 宣布下课，安排学生回收器材	1. 跟着教师一起进行全身放松活动 2. 反馈学习感受	5分钟	1次
器材场地	塑料圈40个、音响	平均心率	130次/分钟	预计练习密度	50%—55%

"武术操"教学设计

年级：二年级 　　　　　单元课次：1 　　　　　执教老师：李颖怡

学习目标	1. 认知目标：学习和了解《旭日东升》（1—3节）的套路动作和拳术礼节 2. 技能目标：初步掌握武术操前三节的动作，提高已学武术基本动作的熟练水平 3. 情感目标：弘扬传统民族体育项目，培养学生勇敢自信，积极锻炼的精神				
教学内容	1. 武术操：《旭日东升》（1—3节） 2. 游戏：听号连连看				
重点	手型，步型，路线准确		难点	动作连贯有力	

顺序	教学过程	教师活动	学生活动	运动负荷	
				时间	次数
开始部分	一、课堂常规： 1. 体委整队 2. 检查人数，师生问好，宣布本课内容 3. 检查着装与不安全饰物	1. 教师提前到场，布置场地器材 2. 教师整队，宣布上课，引出本节课内容 3. 安全专项提示 4. 安排见习生	组织： 	38分钟	1次

续 表

	4.安排见习生做力所能及活动 5.安全教育		要求： 1.队伍集合"快、静、齐" 2.精神饱满，注意力集中 3.态度端正积极认真听讲		
开始部分	二、热身游戏 1.自由跑动，听指令做武术基本动作 2.热身操	1.跑动前对学生提出要求，讲解游戏规则 2.注意观察学生跑动，并给予适当的口令提示（注意找好视角，纵观全班） 3.教师喊口令带领学生热身	1.按照教师要求跑动 2.注意跟随教师口令变换跑步姿势 3.遵守规则，全身心投入 组织： △　　　　　　　　△ 👤👤👤👤👤 👤👤👤👤👤 👤👤👤👤 △　　　　　　　　△ 要求：在标志物范围内跑动，不准拉拽打闹		
基本部分	一、武术健身操 《旭日东升》第1节至第3节 1.观看平板视频，让学生猜想学习内容 2.提问：同学们喜欢哪些武术明星？ 3.教师完整动作示范 4.教师带领学生进行分解动作模仿学习 5.分组，小组长带领练习	1.学生观察，教师加强引导 2.教师引导并激发学生的学习兴趣，加强传统文化教育 3.教师示范动作准确，连贯有力 4.讲解动作时注意要点的提示，用语言吸引学生注意力 5.加强巡视，发挥组长作用，及时纠正错误动作	1.组长带领观看平板，遵守规则 2.积极踊跃回答教师提问 3.仔细观察教师示范，熟记动作要领 4.按口令要求认真练习 5.小组积极练习，不清楚的集体讨论 6.组长带领观看平板强化动作，并通过录像记录组内动作 7.看演示动作，反思并改进自己的错误动作	17分钟	多次

基本部分	6.挑选优秀小组；优秀个人展示；集体展示	6.积极地对学生进行鼓励，以小贴纸的方式表扬，评选武术小明星	组织： 要求： 四人一组，插空站位		
	二、游戏： 听号连连看	讲解游戏规则，加强安全教育	学生按照教师的安排到达游戏场地，游戏认真投入，遵守游戏规则 要求：四人一组，两组面对一块九宫格场地	10分钟	多次
结束部分	1.放松整理：手语操 2.课后小结 3.布置作业 4.宣布下课 5.回收器械	1.伴随音乐，教师带领学生放松 2.小结，师生互评、生生互评 3.宣布下课，师生再见	1.跟着教师一起进行全身放松活动 2.反馈学习感受	5分钟	1次
器材场地	1.标志桶16个 2.小标志物8个 3.塑料圈36个 4.小音箱1个	平均心率	130—145次/分钟	预计练习密度	50%—55%

"抢花炮"教学设计

年级：四年级　　　　　　单元课次：1　　　　　　执教老师：王　芳

<table>
<tr>
<td>学习
目标</td>
<td colspan="5">1.认知目标：初步了解抢花炮的基本规则
2.技能目标：学生通过抢花炮游戏，发展学生的速度、耐力、灵敏等身体素质
3.情感目标：在练习中学会合作，体会运动的乐趣和成功的喜悦，培养团队协助精神</td>
</tr>
<tr>
<td>教学
内容</td>
<td colspan="5">1.抢花炮
2.课课练——推小车游戏</td>
</tr>
<tr>
<td>重点</td>
<td colspan="2">进攻和防守技术</td>
<td>难点</td>
<td colspan="2">遵守规则意识和安全行为
习惯</td>
</tr>
<tr>
<td rowspan="2">顺序</td>
<td rowspan="2">教学过程</td>
<td rowspan="2">教师活动</td>
<td rowspan="2">学生活动</td>
<td colspan="2">运动负荷</td>
</tr>
<tr>
<td>时
间</td>
<td>次
数</td>
</tr>
<tr>
<td rowspan="2">开始
部分</td>
<td>一、课堂常规
1.集合整队、师生问好，检查服装
2.宣布本节课的教学任务与要求
3.安排见习生</td>
<td>1.集合整队、师生问好、检查人数、安全教育
2.导入本节课学习内容
3.安排见习生</td>
<td>组织形式：
××××××××
××××××××
××××××××
××××××××
△
×——学生△——教师
要求：集合动作要快、静、齐</td>
<td rowspan="2">5
分
钟</td>
<td rowspan="2">1次</td>
</tr>
<tr>
<td>二、热身活动
1.慢跑运动
高抬腿
后踢腿
交叉步
2.热身操
头部运动
肩部运动
腰部运动
弓步压腿
手踝关节运动</td>
<td>1.提出练习时应注意的问题
2.用语言提示学生动作衔接及要求</td>
<td>组织形式：

要求：
1.绕圈行进间变换动作
2.动作姿态到位
3.注意力集中，紧跟节奏</td>
</tr>
</table>

续　表

	一、抢花炮 1. 抢花炮是流行在湘、鄂、渝、黔等省的一项具有浓郁民族特色的民间传统体育活动，从1986年第三届全国少数民族传统体育运动会开始，抢花炮已成为正式比赛项目之一 2. 规则：当司炮员在炮区中心点响花炮时，比赛开始。抢得花炮的队，可用传递、掩护、假动作、奔跑等方法，力图将花炮攻进对方炮台区；另一方可用拦截、拉手、抱腰等方法力图抢到花炮或阻止持花炮运动员前进。持花炮运动员将花炮投入对方花篮即为得分。每投进1次得1分。比赛时间内，得分多的队获胜	1. 通过观看平板电脑中的抢花炮比赛，了解抢花炮基本知识及比赛方法、规则。 2. 单人障碍跑将花炮放入炮台区 3. 2人传接配合将花炮放入炮台区 4. 3对3进攻防守抢花炮	组织形式： 要求：明确游戏规则 组织形式： 要求： 1. 遵守比赛规则 2. 注意安全		多次 30分钟
基本部分					
	二、课课练——推小车游戏	讲解游戏及要求，并提出注意事项	组织形式： × △ ×—学生 △—教师 要求：认真听讲，明确游戏要求，积极参与		3次
结束部分	1. 放松 2. 评价总结 3. 布置课后作业及要求 4. 下课	1. 带领学生做放松练习 2. 小结本课情况 3. 布置课后作业 4. 宣布下来，师生再见	1. 四列横队跟随教师做放松操 2. 认真听讲，明确作业内容和要求 3. 师生再见	5分钟	1次
器材场地	足球场、20个垒球、12个标志桶、4个呼啦圈	平均心率	125次/分钟	预计练习密度	45%—50%

"竹竿舞"教学设计

年级：四年级　　　　　单元课次：1　　　　　执教老师：王　芳

学习目标	1.认知目标：了解竹竿舞的历史，以及基本知识 2.技能目标：掌握竹竿舞的多种动作方法，发展学生力量、速度、灵敏、协调等身体素质 3.情感目标：在跳竹竿活动中能够与同伴相互合作，遵守活动规则，培养团队意识和沟通能力			
教学内容	1.竹竿舞 2.课课练——多种形式的支撑			
重点	跳竹竿的节奏	难点	进入竿的时机、跳竹竿的节奏感	

顺序	教学过程	教师活动	学生活动	运动负荷	
				时间	次数
开始部分	一、课堂常规 1.集合整队、问好，检查服装 2.宣布本节课的教学任务与要求 3.安排见习生	1.集合整队、师生问好、检查人数、安全教育 2.导入本节课学习内容 3.安排见习生	组织形式： ×××××××× ×××××××× ×××××××× ×××××××× △ ×—学生△—教师 要求：集合动作要快、静、齐	5分钟	1次
	二、热身活动 1.慢跑运动 高抬腿 后踢腿 交叉步 2.热身操	1.提出练习时应注意的问题 2.用语言提示学生动作衔接及要求	组织形式： 要求： 1.绕圈行进间练习 2.动作姿态到位 3.注意力集中，紧跟节奏		

| 基本部分 | 一、介绍竹竿舞
1."竹竿舞"被列入我国非物质文化遗产名录
2.方法：跳竹竿舞时，扶竿者采用蹲、跪、坐姿，按节奏撞击竹竿，竹竿在枕杆上滑动离合，发出"咔嗒、咔嗒"的明快声响。舞者在竹竿间跳跃，不让脚被竹竿夹住，并不断的做出花样动作，反应稍慢，脚踝或腿被夹，就被请出场外。其动作包括：单排单人跳、双排双人跳、三排多人跳等 | 1.原地练习打竹竿和跳竹竿的口令和节奏：教师讲解示范并组织学生集体练习打竿的口令和节奏，打竹竿的口令有：开、开——合、合；跳竹竿的口令有：进、进——出、出。教师组织学生边练习口令边用手掌模仿
2.原地两人练习打竹竿：教师组织，分组进行两人面对面蹲下，两手握竿，按节奏（两手分开）击地两次，然后两根竹竿互相击打两次，依此类推。打竹竿的口令和节奏有：开、开——合、合
3.原地摆竹竿练习：教师组织，分组两个同学练习，教师组织同学把竹竿放置在老师布置好的地面上的点，同学们可以互相喊口令或者用手掌拍节拍，进行各种跳跃动作的练习，教师指导学生，并跟着学生一起练习
4.练习跳竹竿：教师组织学生分组进行十个同学一组，进行跳竹竿练习，教师组织同学节奏先从慢到快，人数从单人跳练起，再过渡到双人跳和多人跳。练习之前，教师要求同学们：跳竹竿应先听到口令才能进入竿内，脚不准踩到竹竿。教师强调在同学练习过程中发生跳竹竿失败或跳竿者的腿脚被夹时，练习应及时停止，避免发生伤害事故 | 1.组织形式：
×××××××××
×××××××××
×××××××××
×××××××××
△
×—学生 △—教师
认真听老师的讲解，积极练习打竹竿的口令和打竹竿的节奏
2.同学之间互相配合根据打竿的口令和节奏练习打竿的方法
3.根据老师的要求，同学开始练习下肢跳竿的方法
4.同学之间开始配合跳竿，难度从易到难，人数从少到多，循序渐进地练习。在配合练习过程中时刻要谨记老师的要求，注意练习的安全性，避免受伤
5.同学之间开始分组合作创新，互相讨论分享编排新样式。然后进行小组展示 | 30分钟 | 1次

多次

多次

多次

多次 |

续 表

		5. 同学分组合作创新, 编排新样式: 教师组织学生进行分组, 每个组八位同学, 小组进行讨论合作创新, 小组自主编排新样式, 然后进行小组成果分享展示, 老师和同学们当观众。教师在各个组分享展示后进行点评和小结			
基本部分	二、课课练——多种形式的支撑	讲解游戏及要求, 并提出注意事项	认真听讲, 积极参与		3次
结束部分	1. 放松 2. 评价总结 3. 布置课后作业及要求 4. 下课	1. 带领学生做放松练习 2. 小结本课情况 3. 布置课后作业 4. 宣布下课, 师生再见	1. 四列横队跟随教师做放松操 2. 认真听讲, 明确作业内容和要求 3. 师生再见	5分钟	1次
器材场地	足球场、竹竿40根	平均心率	125次/分钟	预计练习密度	45%—50%

第二节　论文荟萃

弘扬深厚传统文化底蕴，实现校园足球和美发展

何元戈

为深入贯彻党的十九大和十九届二中、三中、四中全会精神和习近平新时代中国特色社会主义思想，推动校园足球长期持续健康发展，落实党中央对足球事业改革需要，我以《中国足球改革总体方案》《教育部等6部门关于加快发展青少年校园足球的实施意见》和《广东省关于推进青少年校园足球发展的实施意见》为指导，结合珠海校园足球发展方案和珠海市校园足球的实际情况，

以立德树人为目标，融合和乐和美理念，以《珠海校园足球运动区域推进体系构建与实践研究》和《香洲十小校园足球发展主要问题与解决路径研究》科研项目为抓手，凭借中国优秀传统文化和校园足球的育人功能，全力推广和普及校园足球，增强我校的校园足球氛围，激发学生对足球的热爱，形成学校的特色"一校一品"，有效提升学生的体育核心素养。

一、中国传统文化博大精深，巧借校园足球培育人才

中国传统文化博大精深，足球起源于中国，因此，借助足球培育新时代

人才迫在眉睫，校园足球的积极推进和蓬勃发展，实际上是强调校园足球的育人功能，以培养孩子良好的行为习惯、意志品质、交流沟通能力、团队协作能力、抗挫折的能力、责任心、创造性和预判能力等，达成培养孩子强健的体魄的目标。

但是，很多家长觉得踢足球，会不会耽误孩子学习？实践证明，要是把这些处理得好的话，足球的教育功能确实是非常强大的，对孩子的终生影响深远。

现在很多孩子从素质教育上还有很多欠缺，比如说团队合作、吃苦耐劳、顽强、挫折感，因为很多学科课程更多的是注重文化知识的传授，很难从中培养学生的体育精神，但是足球会教你很多，包括如何和别人合作，如何尊重对手，如何承受失败或者胜利的喜怒哀乐。同时，足球还有合理冲撞，其他项目和课程都没有，你既要会用规则，还要讲究技巧方法，所以，一个人在踢球的时候，实际上是不断去学习和掌握这些内在东西。

二、结缘体育教育喜乐开怀，巧遇校园足球情满校园

因工作需要，我于2015年8月调到珠海市香洲区第十小学任副校长，今年8月调到了香洲十二小工作，主管德育和体育工作。此时，适逢国务院办公厅《关于印发中国足球改革发展总体方案的通知》国办发〔2015〕11号文件和十九大和十九届二中、三中、四中全会，要求全面贯彻落实党中央对足球事业改革与发展。根据珠海校园足球发展方案和珠海市校园足球的实际情况，我有幸参加"珠海市推进校园足球发展"的调研，分别前往中山、深圳等地调研校

园足球工作，因此迈上了喜爱校园足球之路。

根据学校的实际需要，学校决定了普及推广校园足球，由我牵头积极组织开展校园足球工作。先后成立学校校园足球领导小组、制订校园足球三年发展计划、加强校园足球师资建设、全面推进足球进课堂、提高足球普及参与率、申报省校园足球推广校和全国校园足球特色校、完善班级足球联赛机制、校园足球文化课程化、参加各级足球比赛、俱乐部扶持校园足球活动、家校联动发展足球活动、申报科研课题研究等，这些工作都卓有成效，效果显著。

香洲十小于2017年被评为广东省校园足球推广学校，同年被评为全国青少年校园足球特色学校，主持两个省级校园足球的科研课题立项，学生男子足球队获得2016年香洲区足球比赛第六名等，借此春风，学校大力推进班级足球联赛，家校足球联赛、足球文化课程化、足球约赛等效果显著。目前，我校的校园足球工作开展如火如荼热火朝天，学生每天早晚到校练足球、玩足球，我和同事们都一起参与到其中去，练体能、练技术、练颠球、打比赛等，大家都其乐融融。

调到了十二小工作后，学校以发展校园足球作为学校的特色，因此，以此契机大力推进校园足球发展的相关工作。这就是我的足球情结。

期待，一生的体育与校园足球结情缘，一切融入校园足球花开满园，家校共建谱写校园足球壮歌，盼待采摘校园足球累累硕果。

三、凭足球推广校特色校契机，健全校园足球办事机构

为了更好贯彻落实国家、省、市、区的校园足球文件精神，不管在十小还是在十二小，我们学校都严格按照相关文件精神健全完善校园足球领导机构，建立了校园足球领导小组办公室，负责全校校园足球工作的组织领导和统筹协调及技术指导。学校各部门要积极协助足球办公室开展校园足球工作，全面实施校园足球课程化。

（1）学校办公室负责校园足球工作的后勤、安保和保障工作，采购足球、球服、球网等器材，优化足球设备设施，改造人工足球场和快乐足球设施，增加灯光和闭路监控，新建校园足球文化功能室，增设校园足球文化长廊等，为

全面开展校园足球工作奠定基础。

（2）学校教导处负责组织各学科开展足球文化进课堂，要求每位科任老师每学期备2节学科足球课，以足球为主要内容融合和渗透到学科设计进行教学，对学校足球梯队的学生文化知识进行全面跟踪；同时要求班主任每周班会课要利用十分钟学习足球文化知识，或了解世界足球知名俱乐部的概况，或欣赏世界足球明星风采等；学科组长要引用足球为主要内容渗透到单元测试卷中；申报校园足球科研课题等，全面渗透校园足球课程化，为全面开展校园足球工作渗透融合足球文化到学科教育中。

（3）学校德育处负责学生的校园足球品德教育，对学校每天全面开放人人玩足球、练足球等普及推广活动进行检查和评价，检查督导学生全面参与校园足球的情况并及时全校报告，同时利用学校"和文化建设"契机全面落实对学生"规则教育、诚信教育和品格教育"；协助评选学校足球文化节的"班级优胜奖、啦啦队宝贝之星、足球论坛之星、足球漫画之星、足球摄影之星、足球感想之星、足球道德风尚奖"等，为全面开展校园足球工作保驾护航。

（4）学校年级组负责全面细化开展校园足球工作，实行年级组长负责制，年级组长加强本年级校园足球的管理与督导，发挥家校、社区和班级联动作用，激发各位家长的主观能动性，把校园足球文化渗入学校领导、老师、家长、学生和社区市民的人心；加强对学校足球梯队、学生班级足球队、幼小衔接球队、家长年级足球队等比赛的协调工作，为全面开展校园足球工作夯实基础。

（5）学校其他管理处要全面协助开展校园足球工作。财务室负责校园足球经费预算与审核工作；大队部负责足球结队工作；安保室负责安全保障工作；医务室负责跟踪学生的体格健康工作；心理师负责学生的心理疏导工作；食堂负责学生的食品健康工作；宣传室负责学校校园足球对外宣传工作，统筹营造社会舆论环境，通过多种形式大力宣传广泛开展校园足球活动的意义和价值。为全面开展校园足球工作贡献力量。

（6）开展校园足球工作技术路线（如图2-26）：

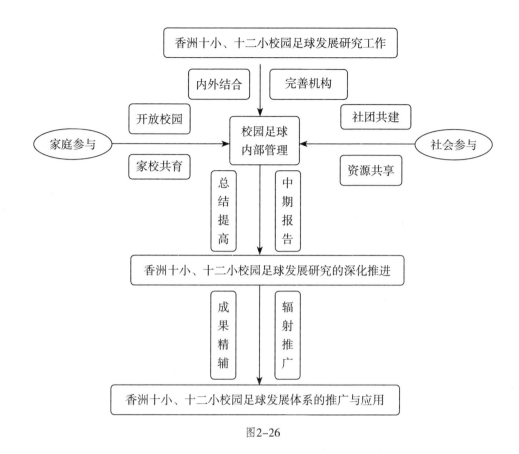

图2-26

四、全面开展校园足球工作，球魂融入课程深入人心

为了全面落实校园足球工作，凭借优秀传统文化精髓，我校以球辅德、以球健体、以球促智为目标，逐步加大足球在体育课教学内容中的比例，按照不同年龄阶段科学设计，建立健全校园足球教学体系（表2-12），全面实施校园足球课程化，通过全方位多元化措施促进校园足球之花开满园，以不断地提高学校的体育教育质量。

一是加大经费投入，补充校园足球教育师资，优化足球教师工作；

二是按照体育课程标准和各水平学段教学的要求，组织编制校园足球教学纲要与教材，制订我校校园足球工作指南，积极开展科研、课程并举推进校园足球工作；

三是每班每周开设1节足球课，每周开设1次课程超市的足球社团大课，分低年级和高年级段；

四是每天早晚开设足球兴趣小组训练班，普及和推广快乐足球模式；

五是发挥学校各处室作用，全方位协助开展校园足球工作，多角度实施校园足球课程化，在各学科教学、班队会、学科活动、单元试卷等渗透足球元素；

六是年级组统筹组建班级足球队，建立学校足球梯队淘汰机制，争当足球之星；

七是举办学校校园足球文化节、班级足球联赛、教师家长足球联赛、足球专项颠球比赛、啦啦操足球宝贝比赛、足球摄影比赛、足球手抄报比赛、足球漫画比赛、足球演讲比赛、足球文化论坛等活动；

八是班队、校队与外面球队约赛交流，家长跟踪和保障后勤服务，以提高足球队员的足球核心素养；

九是完善学生校园足球评价体系，全面纳入学校开展"互联网+"核心素养评价体系，及时反馈学生的足球素养；

十是加大学校校园足球文化宣传，宣传普及和推广校园足球的文化体系，让大家都积极关注校园足球等，全面落实校园足球进课程，让足球文化深入人心。

表2-12

模式	工作性质	校园足球工作过程	意识、技术转化	预期成效
学校	学校内部体系	完善校园足球工作架构，优化内部管理，整合外部资源，校园足球工作主体	从团组转化到个体	全面普及激发兴趣
家庭	学生家庭体系	通过小手拉大手等多种渠道，促进校园足球活动开展，校园足球活动主体	从团组转化到团组	积极引导关键作用
社会（社区）	社会外部体系	营造校园足球氛围，引导和优化足球知识信息，足球主体	从团组转化到组织	营造气氛提高品质
家校社区共建共育	内外结合多元体系	共建共育共享共成长，学校家庭社会同发展，体验足球活动的成功愉悦，培养体育精神与塑造优秀品格	从组织转化到个体	共建共育有效提升

足球作为世界最大的一项运动项目，既需要整个团队的通力合作，又需要队员们遵守球场规则，还需要队员们分享成功的喜悦，又能勇敢面对挫折，使队员们养成遵守行为规范、积极向上、团结合作、相互帮助的良好品质。同时球场上的奔跑，运球盘带，各种动作技巧等使运动员的协调能力、反应能力以及身体素质都得到有效提高，这些品质都能影响和提升学生文化课学习的效率，实现素质教育的全面丰收。

因此，我们学校通过各种路径让校园足球得到普及和推广，引导全体师生家长"爱足球""看足球""踢足球"等，促进学生良好的意志品质的形成，学生身体形态、生理机能得到发展，学生大脑智育得到发展，以点带面，让校园足球文化成为学校"和文化""家庭文化""社区文化"之一，扎根在每个人的心中。

五、实行多方联动共建共育，有效普及推广成效显著

根据学校的工作计划，全面普及推广校园足球工作，现在装备设施日趋完善，足球特色日益彰显，开设足球校本课程，将校园足球作为"一校一品"和"校园体育一小时"活动的主要内容，积极推行多方联动共建共育，学生体质不断增强，竞技水平不断提升，有效促进校园足球的开展。

在工作中，我们学校全方位渗透"各美其美，美人之美"和"仁爱精神"的教育理念，让家校社区共建共育共享形成合力来促进校园足球的发展，同时引用优秀科研成果，从心理健康教育出发影响每个家庭，每个家长，每个孩子，直接影响着孩子的世界观和人生观，让优秀的孩子更优秀。在学校推进学生兴趣小组活动的基础上，大力聘请家长和社区有足球专长的人士来校担任义务辅导员，共同培育和提高学生的素质与能力，并深入共建各级校园足球社团，邀请校园足球专家来校举办校园足球论坛和公益讲座的主讲人，形成家教合力达到共同发展，培养现代的健康文明少年儿童。

学校按计划组织学生开展丰富多彩的校园足球活动，通过组织开展以校园足球为主题的趣味赛、联赛、对抗赛、挑战赛、足球嘉年华活动，开展足球名宿、足球明星进校园，青少年足球夏令营、校园足球小球王评选等活动，在校园内外掀起"爱足球""踢足球""看足球"的热潮和氛围。通过学校网站、宣传栏、校报、微信公众号等平台全面宣传校园足球工作，创办校园足球期

刊、校刊，加强宣传引导，鼓励组建学生足球俱乐部、足球社团，举办足球文化节、足球亲子活动、足球名人进校园等主题活动，营造浓郁的校园足球文化氛围，校园足球得到有效普及推广，成效显著。

2016年6月十小足球梯队参加香洲区足球比赛（46支队伍循环赛）获得第六名；2016年12月学校"校园足球大课间体育活动"荣获珠海市体育大课间比赛一等奖；2020年12月"和美校园足球大课间"荣获珠海市体育大课间比赛一等奖和广东省大课间体育活动比赛二等奖；2017年7月校园足球校本教材发行；2017年11月被珠海市精品课程立项；2017年、2018年、2019年、2020年连续四年获得香洲区中小学足球比赛冠军。

2021年11月十二小足球梯队获得香洲区中小学足球联赛男子甲组冠军和男子乙组第四名等，校园足球的发展成效显著。

六、以优秀传统文化为契机，有效促进校园足球发展

目前，全国各地都积极开展校园足球，气氛浓厚，红红火火，借此契机，我们学校将继续深化校园足球工作体系，积极探索，形成特色，在原有工作的基础上优化校园足球工作机制，深化立德树人的目标，强化教研科研的引领，加大内外联动共建共育，加强引进来走出去，营造一种人人喜欢足球、人人爱踢足球的良好氛围，不断完善开拓创新，让校园足球在教育教学中产生巨大合力，促进学校教育教学工作发展，有效促进我们学校的校园足球持续健康发展。

参考文献

张怀志.一起来，教育更精彩——张怀志校长的学校家庭社区共建共育的实践与探究［J］.中小学德育，2013（11）.

小学体育渗透传统文化教育的价值与策略研究

王 芳

中华传统文化博大精深，源远流长。在全球信息化的时代，面临世界多元化挑战，继承和发展中国传统文化对建设中国特色社会主义有着重大意义。

小学体育教育是基础教育的重要组成部分，在小学体育教育中渗透传统文化教育，势在必行。

一、小学体育中渗透传统文化教育的价值

1. 继承和发扬传统文化

素质教育已推行多年，随着新课改的大力推行，学校对传统文化教育尤其重视。2017年中共中央、国务院办公厅印发了《关于实施中华优秀传统文化传承发展工程的意见》（以下简称《意见》）中也指出，要求各区域各学校因地制宜积极开展并落实中华优秀传统文化教育。小学体育与健康课程是基础教育的重要组成部分，是传播和渗透传统文化的重要途径之一，学生是传承传统文化的主力军，将传统文化教育渗透于小学体育中，让学生作为传统文化的继承者和发扬者，推进传统文化不断创新和发展。

2. 丰富学生传统文化知识，培养学生民族自豪感及文化自信

小学是一个人世界观、人生观、价值观形成的启蒙阶段，小学体育教育作为基础教育不可或缺的一部分，对小学生的影响至关重要。在体育教育中渗透传统文化教育，对学生的身心发展具有重要影响。例如现在深受小学生喜爱的校园足球运动，教师在向学生传授足球技战术动作时，介绍足球起源于春秋战国时期的"蹴鞠"，既能丰富学生传统文化知识，又能培养学生的民族自豪感，增强学生文化自信。将民族传统体育项目中的武术纳入体育教学中，与用武术中的礼仪文化育人，让学生在运动中感受传统文化的厚重，提高学生的人文素养。下雨天室内体育课，通过多媒体给学生播放舞龙舞狮表演，讲解其风俗文化，作为龙的传人，了解民族精神内涵，以及团队配合的重要性，培养学生的团队配合精神。还有踢毽子、抖空竹等丰富多样的传统体育活动，调动学生运动的积极性，使传统体育文化融入渗透到平日的体育教学中，并发挥强身健体、修身养性的作用。

3. 推动校园文化和课程建设

"校园文化不仅是一个学校发展理念的直观体现，更指明了一个学校的发展方向，即校园文化是学校发展的深刻内涵。"校园文化体现学校的办学理念与特色，展示师生的精神面貌与行为准则。传统文化教育是中国教育体系的重要内容，将传统文化教育中丰厚的体育文化底蕴融入体育教育中，有利于推动

校园环境和精神文化建设，使校园文化形式多样，多姿多彩。激发教师开发传统体育课程，提升课程建设水平，丰富体育课程内容，提升体育教师教育教学能力。

4. 激发爱国热情，增强民族凝聚力

"亡国先亡其史。""文化兴国运兴，文化强民族强。没有高度的文化自信，没有文化的繁荣兴盛就没有中华民族的伟大复兴。"文化体现出一个民族的凝聚力和创造力，代表一个国家的综合国力。中华传统文化是中华民族的生存经验和智慧的结晶，而体育具有"文明其精神，野蛮其体魄"的作用，将传统文化教育融入小学体育中，有利于继承和发扬传统文化，增强国民爱国热情和民族凝聚力，推进和谐社会的发展，实现中华民族伟大复兴。

二、小学体育中渗透传统文化教育的策略

1. 健全教育保障机制，完善评价督导体系

教育行政部门重视小学体育教育及传统文化教育，贯彻落实相关政策，推广小学体育课程和教学中渗透传统文化教育的理念，开发编制相应的教材，定期对体育教师进行相关培训，并制定合理科学的评价和督导机制，制定考核评价标准，使小学体育教育中融入传统文化教育逐步常态化，进而达到实质性教育效果。

2. 营造校园体育文化氛围，完善传统体育教材和课程体系

学校发掘传统文化中的民族传统体育项目，例如武术、儿童太极、跳绳、踢毽子、抖空竹等体育活动，整合传统游戏资源，选取具有代表性的项目图片及简介，用于操场围墙或走廊软墙进行校园文化装饰；编写相应的校本教材，将其穿插在学校的体育课程中，将传统体育融入到体育教学中；定期开展学校或班级踢毽子、武术等传统体育活动比赛，激发学生的热情；组建学校武术、太极拳社团等，积极参加各级各类比赛，让传统文化贯穿于学生启蒙阶段的成长中，塑造浓郁的校园传统文化氛围。

3. 教师深入学习传统文化，找准传统文化渗透体育教学的切入点

教师自身要不断加强对传统文化的学习，深入了解传统文化知识和内涵，将其结合实际有效地融入和渗透到体育教育中。教师要明确教学大纲的要求，合理安排教学内容，找到传统文化和体育教育的切入点，例如：在武术单元的

教学时，对学生进行"武德"教育，以武育人，用传统文化强化学生的品德教育及爱国主义情怀；足球教学中让学生知晓足球运动起源于春秋战国时期的"蹴鞠"，增强学生的文化自信心；传统舞龙舞狮团队配合，向学生讲解团队精神的重要性，学生通过体育课了解更多的传统文化，提高学生的学习兴趣，并弘扬传统文化的发展。

4. 发挥多媒体技术的作用，引导家庭教育参与，形成家校合力

利用网络资源，通过互联网在班级群向学生和家长分享传统文化运动的资料，开展传统文化宣传教育，并提供一些简单易学习和操作的亲子互动传统体育活动，充分发挥家庭教育的作用，调动家庭教育的积极性，让家长深刻理解传统文化教育对孩子成长的价值，主动对孩子进行传统文化教育，让传统文化教育贯穿于校外学习，使校内校外结合，形成家校教育合力。

在体育教育中渗透传统文化教育，非朝夕之事，是一项长期且系统的工作。中华传统文化知识内涵丰富，需要学校、教师和家长合作起来，贯穿教学与生活的始终，并持之以恒地推广下去，让中华民族五千年的传统文化更好地传承并发扬光大。

参考文献

［1］中共中央办公厅，国务院办公厅.关于实施中华优秀传统文化传承和发展工程的意见［N］.人民日报，2017-1-26.

［2］钱东良.以中华民族传统美德教育促进校园文化建设的研究［D］.大连：辽宁师范大学，2011.

第五章 艺术教学

第一节 教学案例

中国传统民歌《茉莉花》赏析

曾映娟

【教学课型】

民族歌曲欣赏综合课

【教学思路】

人音版小学第十一册第1课"茉莉芬芳"

【教学目标】

（1）情感态度与价值观：通过对南北地区《茉莉花》的欣赏，了解《茉莉花》在国内外的影响力，知道《茉莉花》在我国的重要文化地位，激发学生对民族音乐的喜欢，愿意探究和学习民族音乐。

（2）过程与方法：通过欣赏、演唱、听故事、讨论等方法感受江苏、东北《茉莉花》及歌剧《东边升起月亮》的不同音乐风格。

（3）知识与技能：通过聆听、哼唱三首不同风格的《茉莉花》，能用已掌握的音乐知识分析三首歌曲的不同风格。

【教学重点】

能用已有的音乐知识分析和感受三首《茉莉花》的不同音乐风格。

【教学过程】

1. 创设情境，导入新课

（江苏图片欣赏）

师：同学们，相信国庆期间大家都去了不少地方，今天老师也要带大家去一个地方，下面请大家跟随着老师的一组图片，猜猜今天我们要去哪里？（欣赏图片）

好，谁来说一说，我们到了哪个地方？

这个地方给你什么感受？

师：对，这里就是我们中国老话里面的"上有天堂，下有苏杭"里面的江苏苏州，这里是水乡，素有鱼米之乡之称。这里水多，桥多，到处都能看到小桥流水，景色特别的秀美。刚刚在欣赏美丽风景的时候，不知道大家有没有留意到，图片里面也出现了一种美丽的花，有谁知道这是什么花吗？

生：茉莉花。

是的，这是茉莉花，谁看过茉莉花，能介绍一下茉莉花吗？茉莉花是春天开放，花朵比较小，白色能发出淡淡的清香，深受人们的喜欢。人们为了表达对茉莉花的喜爱之情，所以传唱着许多赞美茉莉花的小曲，今天我们就走进茉莉花的世界，一起来欣赏《茉莉花》的音乐吧。

（出示课题《茉莉花》，进入新课）

2. 新课学习，感受体验

（1）欣赏南方江苏《茉莉花》

师：今天，我们先来走进江南小镇，一起来欣赏江苏的茉莉花，我们来听一听这首江苏的《茉莉花》给你是一种怎样的感受？

（师手拿江南小圆扇子，用江苏方言范唱。生谈感受）

（师总结：优美、婉转的）

师：刚刚这首歌是用什么语言演唱的呢？江苏方言。

师：请大家跟老师用江苏方言读一读歌词，感受一下江苏方言的特点。生

谈感受。（吴侬软语）

试着跟老师用江苏方言学唱歌曲，重点学习一字多音的部分，感受像流水一样高低起伏婉转动听。

（跟歌曲范唱完整用江苏方言演唱，进一步体会歌曲的柔美、婉转、细腻的风格）

（2）欣赏北方东北的《茉莉花》

师：欣赏完江苏的《茉莉花》，现在我们一起去东北，欣赏东北的《茉莉花》，听听它的情绪又是怎么样的呢？

师：听之前，有谁能说说对东北的印象？师生讨论东北人的性格。

（聆听东北《茉莉花》，师边跟音乐范唱边拿着手绢花扭秧歌）

师带大家学唱第一句和衬词部分，感受下滑音和音域大跳及衬词带来的诙谐豪放的感觉，生唱完总结东北的《茉莉花》的风格特点。

请个别学生试唱第一句，感受歌曲的东北风味。

师总结：俗话说，"一方水土养育一方人"，由于地方的不同、风俗习惯的不同，所以也养育出不同性格的人，从而也产生了不同的音乐文化，所以，同样是《茉莉花》，在江苏是委婉、柔美，到了东北，就变成了适合东北人性格的诙谐、豪放。

（3）欣赏《东边升起月亮》

① 总结国内其他地方的《茉莉花》。

师：其实除了江南、东北有《茉莉花》，我国还有许多地方都有各自不同风格的《茉莉花》比如：河北、山西、山东、陕西、甘肃等多个地方。《茉莉花》都深受老百姓的喜欢，其实，早在100多年前，我们的《茉莉花》就已经走出国门，享誉全世界了。

② 认识普契尼。

知道为什么这么早外国的朋友就知道我国的民歌《茉莉花》了吗？这是因为一部歌剧的演出，让外国的朋友都知道了这首民歌。这部歌剧叫《图兰朵》，它是由意大利的著名歌剧之王普契尼创作的，现在，我们来认识一下他。

他写了一部有关东方的歌剧《图兰朵》，这部歌剧带着神秘的东方色彩，一经上演，受到了外国观众的高度喜爱和关注，《图兰朵》是目前为止世界上唯一一部以中国民歌为题材创作的西洋歌剧。大家知道这部歌剧讲述的是什么故事吗？

生……

③师简单讲述歌剧《图兰朵特》的故事。

故事讲述了中国元朝的一位公主叫图兰朵，她长得很美丽，但内心却很残忍，她向外国的求婚者提出了三个刁难的问题，只要能回答正确，就愿意嫁给他，并且把王位也让给他，但如果回答不出来，就得被处于死刑。尽管如此，还是吸引了一大批的求婚者。由于问题比较刁难，许多人都没能回答出来，都死在了她的屠刀之下。有一位落难的王子流亡到中国，王子也被公主的美貌打动了，他不顾一切来到了公主的面前，很准确地回答出了这三个问题。公主不甘心，想反悔拒绝这门亲事，这时王子也看出了公主的内心，他也提出一个问题，如果公主在天亮之前回答出他的名字，他就宁愿被处以死刑。当晚，公主立刻召集大批人马，去搜集王子的名字。这一夜，全城的人都无法入睡，百姓和僧侣们都在向月神祈祷。希望公主找不到王子的名字，不要再杀人了，月亮出来了。僧侣的祈祷乐声响起了，全城的百姓唱起了这首《东边升起月亮》。

④欣赏太庙版的《东边升起月亮》。

同学们，你们听了这首音乐有什么感受吗？

生……

⑤师总结《东边升起月亮》的风格特点：庄重、肃穆。

⑥师总结庄重、肃穆的音乐在这部歌剧中的作用。

师：同学们，《东边升起月亮》这首歌的歌声不断地在唱响，或许是这虔诚、庄重的音乐感化了美丽的公主，她终于良心发现了，决定结束杀戮，答应嫁给这位王子。神圣的音乐拯救了公主的灵魂，音乐的魅力在此刻起到了重要的作用。

思考：这首歌曲和我们刚刚欣赏的哪个地方的《茉莉花》的旋律相似。

生回答。

（4）了解《茉莉花》的文化地位

①观看有关《茉莉花》在各种重要场合出现的幻灯片。

师：同学们，《茉莉花》的魅力如此重大，它已经成为我国的一种文化象征，每每国内的一些重要外交唱歌，我们都会听到这首歌。现在请看看《茉莉花》都在哪些场合出现？看完你有什么感受？出示幻灯片。

生谈感受。

② 思考：《茉莉花》作为中国的一首民歌小调，它为什么会多次在重大的外交国事上出现呢？

③ 讲述原因，出示约翰·保罗的照片和书籍《中国游记》的幻灯片。

师：据历史记载，200年前，英国驻华大使的秘书约翰·保罗，他是一位地理学家，他来到中国的三年中，走遍了中国的大江南北，回国后，他写了一部《中国游记》，里面详细介绍了中国各地的地理风光、民族风情、文化、饮食、音乐等内容。其中，在音乐这方面，他就记录了一首传唱度最高的中国民歌《茉莉花》，里面还把歌谱也完整地记录了下来。大部分外国人都是通过他的这部《中国游记》来了解东方的，所以，在音乐上，他们都记住了这首《茉莉花》的旋律，不少外国朋友都会哼唱几句。

3. 拓展延伸

欣赏宋祖英在维也纳演唱《茉莉花》的视频。

师：我国著名的民族歌唱家宋祖英，在音乐之都维也纳的金色大厅，再次深情地演唱这首《茉莉花》，在现场演唱的时候，还是外国的交响乐团和外国的合唱团为她伴奏和伴唱呢。我们一起来欣赏一下。

4. 课堂小结

师：同学们，今天这节课你们都有哪些收获呢？

生回答。

师：我们的民歌《茉莉花》能香飘万里，深受国内外人民的喜爱，能在多次重要的外交国事场合中出现，是因为《茉莉花》如同一位使者，代表着友好、有深厚文化底蕴的中国，它已经成为中华民族的音乐文化符号，因此《茉莉花》也成为了我国的第二国歌。同学们，只有民族的才是世界的，我们为我们的民族音乐能走向世界感到骄傲自豪。同学们，让我们继续传承和发扬我们的民族音乐吧。

民族歌曲《我是草原小牧民》教学设计

蔡培薇

【教学课型】

民族歌曲唱歌课

【教学内容】

人音版小学第五册第二课"草原"

【教学目标】

（1）情感态度与价值观：初步了解草原人民的风土人情，感受体验蒙古族的音乐和舞蹈，并产生兴趣。

（2）过程与方法：通过听、唱、舞、音乐实践活动，培养学生的创造能力。

（3）知识与能力：有感情地演唱《我是草原小牧民》，为歌曲加上舞蹈。

【教学重点】

了解蒙古族的风土人情，感受体验蒙古族的音乐和舞蹈，有感情地演唱歌曲。

【教学难点】

歌曲中的附点音符唱准确，歌曲的演唱情绪。

【教学过程】

1. 创设情境，导入新课

（老师播放蒙古民歌《吉祥三宝》，学生听音乐进教室）

同学们，刚刚我们听到的这首歌曲是哪个民族的歌曲。

嗯，说到蒙古，你们想到了什么？

你们说得真好，蒙古族是我国的一个少数民族，他们不仅热情好客，而且还是个能歌善舞的民族。

下面老师为大家来一段表演。请你们仔细听，仔细看。

你们想学吗？和老师一起学做动作。

刚刚我们听到的这个音乐就是我们今天要学习的歌曲。

2. 新课教学，感受体验

（出示课题《我是草原小牧民》）

这首歌曲是小牧民很喜欢唱的一首歌。

接下来，我们来听听小牧民的歌声。

这首歌的情绪是怎样的？

很欢快，歌曲中哪一句歌词看出小牧民很快乐？

嗯，我们把这句歌词朗读出来。（出示歌词），小牧民的心情很美，所以我们再把这"美"字读得重一点、长一点。同学们能不能用歌声把这种美的心情唱出来？

设计意图：聆听歌曲，设计不同问题可引导学生有目的地去欣赏音乐，以提高学生的鉴赏能力，养成良好的欣赏习惯。通过简单地朗读歌词，无形中解决了歌曲中附点音符节奏的难点。

小牧民想把心里这种美和所有人分享，他要传到草原远处去，所以唱起了"啊哈啊哈嗬"（读、唱）完整有感情朗读歌词。

下面，同学们跟着老师的琴声完整唱一遍。（纠正难点）

同学们唱得真好，能不能把速度稍快一点。

唱第一句"我是个草原小牧民"时心情是怎样的？（骄傲、自豪）

所以，我们要用骄傲、自豪的心情来唱，有弹性地像拍皮球一样。

同学们想想，小牧民骑在马背上看到什么景色？（草儿青青，羊儿肥）

嗯，这时小牧民是很调皮的心情，所以这一句要唱得轻巧。（琴带唱）

同学们再听听老师唱，说说哪句唱得好？（啊哈啊哈嗬强弱对比）小牧民把这种美的心情传出去后，草原很宽广有回声，所以后一句要弱唱。

真棒！我们能不能带着这种情绪把歌曲完整演唱。

同学们唱得太棒了，如果加上舞蹈那就更美了。我们把刚刚的舞蹈加上完整表演。

3. 拓展延伸，反馈作用

今天我们学唱了蒙古族民歌，同学们对蒙古族的地理位置，风土人情有了了解，能不能把你知道的给大家分享。

蒙古族人民热情好客，勤劳善良，他们喜欢骑马射箭，能歌善舞。他们的饮食以牛羊肉和奶为主，他们的服饰也很有特色，（课件展示：蒙古族服饰）男女都穿宽大长袖的袍子系腰带，长筒靴，平时以红、黄色布缠头，女子盛装时戴漂亮的头饰。

更值得一提的是蒙古族一年一度的那达慕盛会，非常热闹，我们看看他们都干些什么？（课件展示：摔跤、骑马、射箭三幅图片）一来是显示自己的强悍，再就是祈求草原人民代代幸福安康。

蒙古族还有一种最具代表性的乐器，它的演奏姿势和二胡很相似——马头琴。（出示图片）（播放音乐）就是我们刚开始听过的那段音乐，它就是用马头琴演奏的，它的音乐深沉、浑厚、苍劲、辽阔，富于表达勤劳、强悍的蒙古族人民的性格和感情。

（欣赏韩磊歌曲《鸿雁》，蒙古舞《万马奔腾》）

4. 课堂小结

今天这节课你都有哪些收获？

今天我们了解蒙古的美丽风光、学跳蒙古舞、学唱了蒙古民歌

我们再唱起《我是草原小牧民》离开教室。

学唱国粹京剧《我是中国人》教学设计

肖小燕

【教学课型】

唱歌课

【教学内容】

人音版第十册第五课"京韵"

【教学目标】

（1）初步了解祖国的传统文化——京剧国粹艺术，感受和体验京剧的韵味，培养学生对传统文化——京剧国粹艺术的兴趣与喜爱。

（2）在演唱歌曲《我是中国人》时，能表现出歌曲的京腔京韵。

【教学重难点】

能表现出歌曲的京腔京韵。

【教学准备】

钢琴、多媒体

【教学过程】

（一）开始部分

听音乐师生问好。

发声练习。

（二）新授部分

（1）情境导入。

（播放京剧片段，猜猜是什么剧种）

（2）简介京剧小知识。

① 介绍京剧的产生。

② 京剧行当：是区分剧中人物性别、年龄和性格的分类，大致分为生、旦、净、丑四大类。（出示PPT）

生：男性正面形象。中老年男性称"老生"，又可分为"文生"与"武生"，年轻男性称"小生"，小孩子称"娃娃生"。

旦：女性正面形象。其中，端庄娴静的形象，唱功为主的称"青衣"；活泼、泼辣的形象，以念、做为主、以唱为辅的称"花旦"；以武技擅长的称

"武旦"；老年女性称"老旦"。

净：性格鲜明的男性配角。

丑：滑稽、幽默、机敏、活跃的人物，也有"文""武"之分，能言善语、幽默诙谐的中老年妇女称"丑旦"。

③四功五法：

a. 四功：唱、念、做、打

b. 五法：手、眼、身、法、步

④京剧的乐队：

a. 三大件：京胡、月琴、三弦

b. 四大件：京二胡、京胡、月琴、三弦

c. 七大件：大阮、小阮、京二胡、京胡、月琴、三弦

（3）学唱歌曲《我是中国人》

①"做一个堂堂正正的中国人"是每个中国公民应有的品格。京歌《我是中国人》表现了当代中国人自尊、自豪的形象。

②聆听范唱。

全体学生跟随着范唱用手指点着"板"。

③分句跟唱。

a. 点着"板"跟唱曲调

b. 点着"板"跟唱歌词，注意唱好最后的一个字"人"的拖腔，尽量做到"字正腔圆"

④跟着范唱，完整地唱好全歌。

⑤以自豪的情感跟着伴奏带唱好京歌《我是中国人》。

⑥分组编排表演唱《我是中国人》。

（三）创造表现

（1）脸谱介绍。

红脸：表示忠勇正直，如关羽。

白脸：表示奸诈狠毒，如曹操。

黑脸：表示刚直不阿，如包拯。

蓝脸和绿脸：中性，表示草莽英雄。

金脸和银脸：表示神秘，代表神妖一类者。

（2）学生在课前收集一部分京剧的各种行当的脸谱图。

（3）学生分组自制京剧脸谱。

（4）展示会。

学生各自戴上自制的脸谱在锣鼓经的伴奏下走着步子，在教室内走圆场。

（5）把课上学会的京剧选段或京歌回家唱给爸爸妈妈或周围邻居听。参与社区的文娱表演活动。

（四）小结本课

略

《杨柳青》（第1课时）教学设计

林诗诗

【教学内容】

《杨柳青》

【教学课型】

综合课

【教材分析】

《杨柳青》是一首在江苏地区广为流传的民间小调，歌曲通过对党的赞颂，抒发了美好生活所带来的喜悦之情和对家乡的热爱。歌曲的曲调为五声宫调式，全曲欢快活泼、热情风趣，衬词在歌曲中占有十分重要的地位，是扩充乐句的重要手段。

【教学目标】

（1）情感态度与价值观：学生通过学唱歌曲《杨柳青》，了解江苏地区极富特色的音乐文化，体会我国民歌的显著特点。

（2）过程与方法：学生通过聆听欣赏、了解歌词、演唱方言等形式，体会江苏民歌的音乐特点。

（3）知识与技能：简单了解民歌的方言和衬词，认识民歌的一些基本特点。

【教学重点】

能够熟练演唱歌曲《杨柳青》

【教学难点】

尝试用方言演唱歌曲《杨柳青》

【教学准备】

多媒体课件、PPT、钢琴

【教学过程】

1. 创设情境，导入新课

（1）视频导入

师：老师今天要考考你们，看谁见多识广。下面请欣赏一段视频，猜一猜是我国哪个地方的景色？视频结束后大家举手回答。

（欣赏江南风景视频，感受江南的山青水绿、景色宜人）

（2）揭示课题

师：没错！这就是我们景色秀丽，物产丰富的鱼米之乡——江苏，今天，老师就跟大家一起来学习一首江苏的民歌——《杨柳青》

2. 新课学习，感受体验

（1）学唱歌谱

师：刚刚欣赏江南美景的时候，我看到有很多同学发现，这首歌曲我们是不是在以前欣赏过？没错，当时这首歌曲是作为欣赏的民乐队乐曲来学习的，当时我们在一个地方还做了拍手的互动，你还记得是哪里吗？

生：1　1　1　0|（乐谱上橙色部分）

（带领学生复习歌谱的橙色部分）

师：现在我们交换一下，你们来唱其他部分，我来唱橙色部分。

（教师要提醒歌谱中附点节奏的地方，先慢速再快速学唱歌谱）

（2）按节奏朗读歌词

师：唱完旋律，我们来看一下歌词，看看有没有不认识的字，然后再跟着老师按节奏读歌词。

（按节奏读好歌词，尤其是衬词部分）

（3）学唱歌曲

师：这首热情风趣、欢乐活泼的歌曲唱起来到底是什么样的感觉，请你聆听老师演唱一遍。

（教师范唱，唱出江苏民歌的欢快热情特点）

师：请同学们跟着伴奏音乐唱一下歌词。

（跟钢琴慢练，注意纠正唱错的地方，唱熟练之后分组分段唱，看谁唱得好）

（4）了解衬词

师：同学们演唱歌曲之后，能告诉老师歌词的内容主要是在讲什么吗？

生：……描绘景色风光。

师：但在歌词中有这么一些词，你能告诉我它们有什么意思吗？

（圈出歌词中衬词的部分）

师：其实这些歌词就是没有意思，在歌曲中不表达具体意思的歌词就叫作"衬词"，虽然没有具体的意义，但是它能够起到烘托气氛的作用。我们的《杨柳青》也因此更具地方风味，显得活泼风趣。

（教师去掉衬词演唱，让学生体会衬词在歌曲中的作用）

（5）熟唱歌曲

（了解歌曲后再进一步熟唱歌曲）

（6）学唱歌曲（方言版）

师：既然是江苏的民歌，那当然要用江苏方言来演唱，请同学们跟着老师一起去体会一下。

（圈出变化音调，重点体验有方言特色的歌词）

3. 拓展延伸，反馈运用

（1）了解民歌的特点——地方性

师："一方水土养一方人"，就像我们的《杨柳青》要用江苏方言来演唱，不同地方的民歌都是用当地的语言来演唱，因为它就是在当地被创作出来的，不仅如此，它还带着当地人民的性格特点，一望无垠的草原上人民唱的民歌辽阔悠远；干燥荒凉的黄土高原人民唱的民歌沉着苍凉；江南水乡处处是小桥流水，当地的音乐也是那么的清丽婉转。

（2）了解民歌的特点——集体性

师：请问有同学知道《杨柳青》的作曲家和作词家是谁吗？其实老师的这个提问就是一个很大的错误，民间音乐都是老百姓自发的口头创作、口传心授，在传播的过程中又凝结了历代人们集体的加工，所以民歌是没有具体的词曲作家，它不属于哪一位个人，而是一个地方集体创作的结果。

（3）了解民歌的特点——变异性

师：现在我们先来玩一个小游戏，我要请5位同学上来，我们也来"口传心授"，我唱，第一位同学模仿我，然后第一位同学教唱第二位同学，唱错了也没关系，我们来看看，这首歌曲传到最后到底变成了怎么样。

（传唱广东民歌《月光光》）

师：由于民歌采用口传心授的传播方式，再加上不同地方的唱法和即兴演唱的方式，导致了民歌在流传的过程中很容易发生变异。

4. 课堂总结

师：我们今天不仅学会了用普通话演唱这首歌，而且还学会了用江苏方言来演唱这首歌，并通过这首歌，我们还了解了民歌的基本知识和衬词在歌曲中的作用。

师：民歌来自人民大众，是真正属于民众的音乐，它真实地反映了人民大众的喜怒哀乐和思想意志，希望同学们能多听民歌、多唱民歌、多了解民歌。

"走近粤剧"教学设计

陈杰凤

【教学目标】

（1）通过介绍粤剧，知道粤剧的起源、行当、服饰、粤剧名伶等，让学生

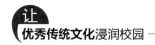

了解粤剧所具有的独特艺术风格。

（2）感受粤剧表演的快乐，并喜欢上粤剧。

【教学重点】

通过介绍粤剧，知道粤剧的起源、行当、服饰、粤剧名伶等，让学生了解粤剧所具有的独特艺术风格。

【教学难点】

感受粤剧表演的快乐，并喜欢上粤剧。

【教学时间】

一课时

【教学过程】

（一）引入

同学们，你知道我们国家有哪些戏剧吗？这些戏剧的起源地又是在哪里呢？

京剧（北京）豫剧（河南）黄梅戏（安徽）昆曲（江苏）

评剧（天津）河北梆子（河北）粤剧（广东）川剧（四川）

……

下面，请你们欣赏一个戏剧名段，看看你们知不知道这是什么剧？（粤剧《荔枝颂》片段）

看完后，你们有什么感受？

（二）了解粤剧的起源

你们知道粤剧是怎么来的吗？

粤剧（又名广府大戏），源自南戏，自公元1522—1566年（明朝嘉靖年间）开始在广东、广西出现，是唱做念打、乐师配乐、戏台服饰、抽象形体等的表演艺术。最初的演唱语言是中原音韵，又称为戏棚官话。到了清朝末期，知识分子为了方便宣扬革命而把演唱语言改为粤语广州话，使广东人更容易明白。

我们身处广东，一定知道粤剧在广东是很流行的，除了广东，其实在广西、香港和澳门也很常见。

（三）粤剧的行当分类

粤剧有十大行当。这十大行当，是指角色分类，划分如下：

一末（老生）、二净（花面）

三正生（中年男角）、四正旦（青衣）

五正丑（男女导角）、六元外（大花面反派）

七小（小生、小武）、八贴（二帮花旦）

九夫（老旦）、十杂（手下、龙套之类）

你们见过这些角色的扮相吗？漂亮吗？

（四）粤剧的服饰

粤剧有很漂亮的服饰，你们想看吗？（图片展示）

1. 粤剧的服饰道具分类

粤剧的服饰道具成为"行头"，按种类放在衣、盔、杂、把四种大木箱里，衣箱越多，戏服越齐全。粤剧服装经过不断发展，现存七十多个品种。粤剧服装分蟒、靠、褶、开氅、官衣、帔、衣七类，款式与京剧服装大同小异。

2. 认识水袖

粤剧的服装与我们平时穿的不同，你们看，它的袖子有什么特别的？

（这种长长的袖子，叫水袖。甩袖、抛袖等水袖动作所表示的粤剧演员的情感是不同的）

3. 了解戏服装饰

粤剧的戏服都很讲究装饰，上面不同的绣花、图案、款式代表不同的人物穿。如："蟒"在粤剧中是帝王、将相、后妃、大臣专用的礼服。这种戏服上就绣有龙、海水、江崖等主要图案，还衬托着日、月、山、火、云、八宝等吉祥图案。当然，蟒袍也有不同，龙袍是皇帝独有的服装，其他人不能穿用，有时皇帝会给有功之臣或宠爱之人赐袍，就将龙袍上所绣的五爪金龙减去一爪。

（五）粤剧名伶和粤剧欣赏

就像现在的流行乐坛有各种各样的明星一样，在粤剧这个领域，也有很多响当当的大明星：红线女、罗家宝、白雪仙、马师曾……这些粤剧表演艺术家为粤剧做出了巨大的贡献。红线女，是一个很伟大的粤剧表演艺术家。原名邝健廉，花旦，1924年出生，2013年去世，开平水口镇泮村人。2009年，荣获首届"中国戏剧终身成就奖"。她开创了中国粤剧史上花旦行当中影响最大的唱腔流派之———红派艺术，为岭南粤剧艺术乃至中华文明树立了不朽的丰碑。代表作品有《荔枝颂》《昭君出塞》《关汉卿》等。

欣赏著名粤剧《昭君出塞》。

（六）小结

京剧，被誉为我国的国粹。京剧是北方的，那被誉为岭南瑰宝的就是粤剧了。作为生活在广东这块土地的我们，一定要认识、了解，好好传承这一优秀中华传统文化！

【板书设计】

走近粤剧

起源 行当 服饰 名伶

第二节　论文荟萃

传统剪纸文化在教学中的主题式课程应用研究

曾　敏

一、传统剪纸手工教学中，采用主题式课程来开展

在教学中我主要采用主题系列开展，挖掘剪纸传统文化元素，在传统的基础上进行创新。在剪纸教学中重点开展百家姓系列、十二生肖系列、戏剧脸谱系列、人文景观系列等主题课程。通过主题活动课程的形式来开展研究，每个系列又衍生出多种艺术形式，如百家姓系列书签、灯笼、十二生肖系列灯笼、挂饰、戏剧脸谱灯笼等。展示形式多样，有剪纸灯笼汉服表演展示、剪纸作品立体展示等。既创新了传统文化剪纸的更多艺术形式，同时也让五大主题系列的剪纸研究内容得到丰富的延伸和拓展。

我在教学中剪纸主题系列课程开展主体结构框架如下表2-13：

表2-13

传统文化"剪纸手工"主题系列课程		
主题	内容	活动展示形式
百家姓系列	剪纸百家姓书签、剪纸灯笼、青花瓷特色百家姓剪纸	汉服百家姓剪纸灯笼表演、姓氏飞花令、猜灯谜
十二生肖系列	十二生肖剪纸灯笼、剪纸十二生肖挂饰	汉服十二生肖剪纸灯笼表演
戏剧脸谱系列	剪纸京剧脸谱、剪纸粤剧脸谱、京剧脸谱剪纸灯笼	汉服脸谱剪纸灯笼表演
人文景观系列	民俗年俗剪纸、建筑剪纸、节日景观、青铜器特色剪纸	剪纸作品平面展示、立体展示
醒狮系列	南狮、北狮剪纸作品	剪纸作品平面展示、立体展示

在教学中根据主题研究的课程内容结构框架为主线，在传统剪纸的基础上采用主题式的研究方式，分不同年级不同主题来开展。在剪纸的材料上进行创新，突破传统的剪纸材料红纸，采用生宣纸进行染纸着色后再剪，采用硫酸纸进行粘贴，利用硫酸纸的透光性制作。从平面剪纸到立体剪纸都有新颖的展示方式，如灯笼、书签、挂饰等。在展示形式上结合多学科的特点进行，结合音乐学科进行剪纸灯笼的汉服舞台表演，结合科学学科进行声、光、电的组合，制作灯笼并展示等。把传统和现代相结合，把学科充分融合起来，效果很好。

二、传统剪纸手工教学中，突出主题式课程的题材内容

传统文化剪纸手工课程，需要不同主题的课程题材内容，图文并茂，内容具体翔实，可操作性要强。在教学中主要分为五个主题系列，百家姓系列、十二生肖系列、戏剧脸谱系列、人文景观系列、醒狮系列。这些系列主题课程是学生开展传统文化剪纸手工课的好帮手。内容新颖，图文并茂，示范性强，学生易学易懂。其中有五大部分，分别从百家姓、十二生肖、戏剧脸谱、人文景观、醒狮几个部分及其延伸部分来展开，下面就其主要题材内容作详细介绍如下：

1. 百家姓主题系列题材介绍

百家姓的由来，姓氏的历史，姓氏有哪些名人名家，然后在众多姓氏中挑

选常见的姓氏进行剪纸书签、剪纸作品的创作，认识了解姓氏背后的文化和历史，让参与学习的孩子们感受到中华民族古老的文化。姓氏的起源比较早，早在五千多年前华夏文明的开端就有了姓氏的出现，我们把自己叫作炎黄子孙，是因为姓氏的传承让我们亲如一家，无论你来自地球的哪个角落，只要是有华人聚集到达的地方，都会有姓氏，不会变，这是我们民族古老文化生生不息的血脉根源。通过学习百家姓的历史文化，剪纸技艺，通过百家姓灯笼汉服活动表演等形式，让孩子们在学习中感悟体会血脉连接中的民族情感，通过百家姓名人故事，如岳飞、文天祥等等一大批名人故事，让孩子们感受爱国情怀和民族自豪感。

2. 十二生肖主题系列题材介绍

十二生肖是中华民族古老的纪年方式，十二生肖的动物造型各异，各有特点，在研究的过程中，主要从十二生肖的故事着手，小学阶段的孩子们比较喜欢十二生肖的故事，如通过讲述圆明园十二生肖的故事，让孩子们从小树立爱国爱家的民族感情，激发奋发图强的坚定决心。通过听故事，制作十二生肖的剪纸作品，然后表演十二生肖的故事来感受各种生肖动物形态的艺术之美。

在主题课程开展的过程中，我们主要抓住十二生肖动物的造型特点来做，每一种动物造型特征和花纹都会有所不同，先学习十二生肖剪纸，在剪纸的过程中体会花纹的各种剪刻方法，认识花纹的名称如：牛毛纹、水滴纹、月牙纹等，也可以在制作的过程中自己创作花纹，体会剪纸的传统文化技艺。在这些学习的过程中既锻炼了孩子们的动手动脑能力，也培养了孩子们做事情要有细心和耐心的工匠精神。

3. 戏剧脸谱主题系列题材介绍

中华文化博大精深，在戏剧文化中，京剧和粤剧是比较重要的门类，京剧是北方剧种，粤剧为南方剧种，其中粤剧在粤港澳大湾区中比较流行，所以在剪纸主题课程开展的过程中，我们主要抓住这一本土题材特点开展研究，主要分为两大板块：粤剧、京剧剪纸手工作品板块和学生活动板块，开展戏剧灯笼汉服表演，让学生根据音乐表演脸谱灯笼作品，感受戏剧文化的魅力。

在研究的过程中，学习京剧的脸谱角色介绍和戏剧故事，如《贵妃醉酒》《白蛇传》《霸王别姬》《四郎探母》《群英会》《空城计》戏剧故事等，粤剧脸谱角色介绍如《红楼梦》《五女拜寿》《梁祝》《屈原》戏剧故事等等，根据这些造型不同的戏剧脸谱和背后的故事，孩子们不仅可以学习到用剪纸的形式做脸谱的方法，同时感受到南北方戏剧的演唱魅力和丰富的文化内涵。

4. 人文景观主题系列题材介绍

中国的人文景观非常丰富，在研究的过程中，我们充分挖掘传统文化，并把传统文化和本土地域文化相结合，开展丰富多彩的剪纸文化活动。

首先是充分挖掘传统的节日文化，比如传统节日中秋、端午、重阳、冬至等。节日习俗、节日美食、节日活动等，如冬至吃汤圆，清明吃青团，春节吃煎堆。各个城市又有代表性的市花，如香港市花紫荆花、深圳市花勒杜鹃、澳门市花荷花等，地标性的建筑如港珠澳大桥、澳门大三巴牌坊、珠海梅溪牌坊等。

其次是通过剪纸的形式，把这些具有本土地域特征题材的作品制作出来，让学生感受身边的艺术，如何把身边的建筑人文景观等变成剪纸艺术，激发热爱家乡的思乡恋乡之情。同时，还挖掘我国传统文化如青铜器文化，青花瓷文化，制作剪纸作品，把古老的青铜器文化、青花瓷文化与剪纸结合起来，让学生感受五千年文明史中工艺美术的辉煌。

5. 醒狮主题系列题材介绍

醒狮文化是我国特有的古老文化，在节日和大型的比赛活动中作为喜庆吉祥的象征，受到人们的喜爱。狮子的造型各异，又分为南狮和北狮，在剪纸造型的活动过程中，学会剪、刻狮子的外形和花纹，感受各个地方不同的醒狮传统。

舞狮是春节等传统佳节中必不可少的环节，所以，在教会孩子们学习剪刻狮子的剪纸作品时，还要加入舞狮的历史文化背景知识，如舞狮需要几个人舞动，点睛是有怎样的意义等等，需要孩子们去探索和发现。让孩子们在观舞狮、学剪纸的过程中感受南狮、北狮的不同造型和地域文化。孩子们可以观察生活中的舞狮、醒狮节目和活动，让孩子们通过舞狮和醒狮的学习，在心灵上鼓舞他们的士气，激发爱国情怀。在海外的唐人街和华人聚集的地方，醒狮、舞狮仍然是作为一项古老的文化仪式得以传承下来，我们作为中华民族的文化传承者之一，必须要学好中华文化，并传播中华文化。

通过以上这五大主题系列课程的教学研究，让学生充分感受传统文化的魅力。不仅学习传统文化，更重要的是要在这一过程中把传统文化传承发扬下去。

三、传统剪纸手工教学中，设计好主题式课程的活动展示形式

（1）在教学的过程中，我们主要采用主题式的研究方式，分不同的手工主题和展示形式来开展，如剪纸技法分剪纸、刻纸；剪纸作品分制作百家姓书签，制作百家姓、十二生肖、戏剧脸谱灯笼；人文景观系列剪纸、刻纸作品；青花瓷、青铜器、醒狮等内容的剪刻作品等。作品展示形式根据不同制作技法的作品形式，融合多学科来开展，制定切合主题的展示形式。如融合语文学科进行百家姓飞花令游戏，结合诗词歌赋来开展互动，效果很好。融合音乐学科，通过结合各种节日，如中秋节、元宵节、春节等，进行百家姓、十二生肖、戏剧脸谱灯笼汉服展示表演等活动。融合科学学科，开展灯笼筷子搭建、拼接搭建等方式制作灯笼，通过亮灯观灯的形式展示，让学生体会到传统节日中观灯赏灯的乐趣，主题活动展示形式新颖，很有乐趣，在这一过程中孩子们充分感受传统服装汉服，传统游戏飞花令和剪纸灯笼相结合的艺术魅力。

（2）学生在进行传统文化剪纸的学习中，需要制作不同主题的剪纸作品，展示的时候也要分门别类。首先按照不同的年级进行分类别、分版块来展示，如五、六年级主要以百家姓剪纸主题为主，三、四年级主要以十二生肖剪纸主题为主，一至六年级展示人文景观系列剪纸作品等等，通过主题活动展示，全方位地展现学生学习传统文化剪纸的成效。

总之，在以主题式课程学习的教学中，传统剪纸手工教学主题文化内涵丰富，在教学实施的过程中孩子们喜欢剪纸，特别是突破了传统手工剪纸的陈旧形式，主题题材新颖，展示形式多样，剪纸材料有创新，通过把不同主题系列的剪纸作品运用到灯笼、书签等这些新材料中，孩子们很喜欢，做出的作品很有特色。在活动展示的过程中，充分融合传统文化元素，如结合节日元宵节、中秋节、春节等传统佳节，开展剪纸灯笼系列展演，进行猜灯谜、汉服灯笼表演、姓氏飞花令等游戏和节目表演。在人文景观系列中融入粤港澳大湾区的本土文化，如节日食品煎堆、青团；戏剧如粤剧文化，粤剧人物故事、脸谱等；醒狮文化如南狮、北狮等；城市市花如香港紫荆花、深圳勒杜鹃、澳门荷花等

元素，进行剪纸作品创新。通过百家姓系列学习和活动开展，领略五千年的姓氏文化，中华民族一家亲的精神内涵，通过十二生肖系列学习和活动开展，体验生肖纪年的古老文化，孩子们在这一系列的主题活动过程中，充分领略了传统文化的博大精深，和中华民族厚重的文化底蕴。

通过以上这些系列的主题教学方式，题材和展示形式的应用研究，结合本土特色文化，让校园美育活动开展得更加丰富多彩，传统文化的开展更加丰富多样，本土的传统特色和传统技艺也得到了很好的融合和传承。

参考文献

［1］陈竞.中国民俗剪纸技法［M］.南京：江苏美术出版社，2011.

［2］向亮晶，张雅妮.中国非物质文化遗产教育推广工程书系：立体剪纸技法［M］.南京：江苏美术出版社，2012.

［3］陈山桥.花草纹样剪法民［M］.西安：陕西人民美术出版社，2004.

浅谈小学国画课堂中运用多媒体技术的策略研究

许玉辉

笔者根据小学美术国画课的特点，结合以往的教育教学经验，从以下几个方面，谈谈如何融合多媒体技术在小学国画课堂中开展教学。

一、小学国画教学的意义和现状

1. 小学国画教学的意义

中国画融诗、书、画、印为一体，代表了我国民族的文化修养和内涵，是中华民族的骄傲和国之瑰宝。国画，不仅是代表性的艺术，更是中国传统文化传承的方式之一。能帮助小学生通过理解中国传统文化的角度，学习、掌握水墨画的绘画技能和专业知识，提升小学生的审美层次。国画落笔成形，不可更改，所以可以锻炼孩子的判断能力，稳定学生们的心性，从而能够专注地学习和沉着应对外在事物的各种挑战和变化。学习国画让孩子们更加热爱生活，热爱大自然，在学习国画的过程中，要充分了解大自然的山山水水、一草一木和细心观察动植物。学习国画会让学生们学会一种更高的艺术的思维方式，培养"胆大心细、求真求实"的思维能力和心理素质。

2. 小学美术国画课堂的现状

中国画绘画的基本法则是相对固定的，但是具体的创作笔法却是灵活的。目前，在许多小学的中国画的教授过程中，教师太过于教科书式的说教，对讲解笔法时过于死板，教授方式也有些落后和过时了，因此学生很难有自由发挥的空间。并且许多美术教师并非受过专业的国画培训，自身的国画绘画水平有限，因此学生接收到的中国画的知识，也就受到了很大程度的局限。在现阶段的美术教育教学过程中，学生与教师的关系依旧是传统的教授关系，停留在教师单一示范作品、学生照葫芦画瓢的教学手段。这种课堂对于天性活泼好动的小学生来说，必然是感觉枯燥无味、不感兴趣和厌倦，形成死板、机械、被动的学习模式。这些都与时代的发展是相悖的，我们处在一个前所未有的信息大爆炸时代，信息与资源的获取有着惊人的便利性，美术教育内涵也应随着时代的发展而拓展。

二、小学美术学科应用多媒体教学的重要性

小学美术学科教学大纲的目标中明确提出："应将多媒体技术切实应用到实际美术教学当中，并要将其作为一种有效性辅助教学手段加以利用。"多媒体技术在课堂上运用的优势，就是能够把现代电教媒体的音、形、色，和传统课堂教学方式相结合，通过视觉与听觉来传递给学生的。电教媒体生动逼真的观赏性，能给学生留下深刻的印象与感受，优化了整个课堂教学结构。美术教师想要将美术教育的作用发挥到最大，就要革新自己的教学理念和教学方法，利用多媒体技术开展课堂教学，这样对于带给小学生不同的体验、激发他们的学习兴趣和营造良好的学习氛围，起到很大的作用。因此，在小学国画课堂中，运用多媒体模式开展教育教学，是势在必行的一项举措。

三、多媒体技术在小学国画课堂的运用实例

（一）运用多媒体教学激发小学生对国画的兴趣

1. 用多媒体播放视频，以引导小学生按照想象作画

对于小学生而言，由于对艺术欣赏知识水平积累不够，而对国画难以正

确理解，最终导致对博大和妙韵横飞的中国画失去兴趣。因此，在国画教学导入中的导入方式要灵活、多变和迎合小学生的心理需求。小学生在特定的情境下，就会融入到情境中，感受国画之美，并对国画的美从自己的角度加以评价，潜移默化地接受国画教学内容。为了吸引学生们的兴趣，可以在国画课堂教学之初，用多媒体播放实景视频引入，如：祖国各地的著名景点、大自然中的山水花鸟，以将学生的注意力吸引到画面上。然后开放性地提问学生：你看到了什么？有什么感受？如果用水墨的方式，你想怎么表达？教师可以让学生动手先试着画一画，将自己喜欢而印象深刻的画面在纸上画出来，还可以在学生创作的时候，播放相关主题的音乐，如：古筝曲《高山流水》《半山听雨》《水墨丹青》《神话》等音乐，创设一种静逸的绘画氛围，引导小学生从自己的想象力出发绘画。

2. 用多媒体播放与国画相关的知识，提高学生对国画色彩的敏感度

小学生的国画教学不仅能够教会小学生作画，更是培养小学生对国家传统文化的学习兴趣，提高小学生美术素质的需要。国画课堂教学中创设情景，可以结合播放与国画教学内容对应的视频内容，也可以在播放欣赏国画作品的同时，给他们分析一下国画的水墨浓淡的运用，用笔线条粗细的特点可以对物象描绘的质感等等，例如：一根墨线，可以是表达衣服的飘逸质感，也可以表达石头的坚硬笨重，通过多媒体的视频对比既形象又直观，教师再加以分析，学生就很容易理解和接受，以及国画中不同颜色所代表的更深层次含义。最终的目的，就是要让小学生对水墨色彩内涵更为敏感。

自古以来，传统国画有着许多执念，老庄反对绚丽灿烂的色彩，主张素朴玄化。老子认为"五色令人目盲"。因此，在古代国画作品多以素色为主。然而，随着现代文化的蓬勃发展，当今中国画笔墨当随时代，传统与现时代要结合起来，课堂上认识了解色彩和大胆运用色彩成了学习国画重要一环。比如，"认识原色"的教学中，需要将小学生对国画的水墨与色彩感觉调动起来。利用投影仪授课，能使小学生探索到色彩变化的科学奥妙。红色、黄色和蓝色是美术学科中所说的三原色，美术教师把这三种颜色配色过程，通过投影仪（背光）投放到屏幕上，学生们就会清晰地观察到这三种颜色变化为黑色的过程；如果将黄色与蓝色配色过程投影到屏幕上，就会出现绿色的图案……老师屏幕上的示范，令到小学生对颜色的调配产生好奇心，从而激发了他们动手探索调配颜色的欲望。这时，教师就可以让小学生采用不同颜料，在纸上调配颜色了。

（二）指导小学生绘画技巧时运用多媒体技术对国画进行分解

国画富于水墨魅力。将国画绘画过程分解、宣纸遇水即化的渲染效果制作成视频，播放给学生们观看。美术老师在此时，要详细讲解如何运笔的方法，例如：中锋、侧锋和逆锋如何运笔的过程进行详细讲解示范。如何用墨，例如：墨分五色，焦、浓、重、淡、清的水墨调和以及宣纸性能的运用，并结合毛笔字写作开展教学。美术教师可以通过多媒体课件循环播放国画创作过程，使小学生通过提示完成绘画。学生还可以观看水破墨、浓破清等国画创作技巧的视频，并加以模仿练习，不断积累丰富的绘画经验。

（三）运用多媒体投影技术示范的绘画步骤

兴趣是最好的老师，不管做什么事情，只要有心都不是难事。在国画教学过程中，我利用多媒体投影仪，与小学生面对面示范国画绘画过程和细节，讲解重点难点。这样学生们更能直观地看到老师绘画的过程，还会被老师现场绘画技艺的展现而深深折服。通过视频录制，还可以重复播放，学生重复观看学习和巩固，提高了学习效率，同时教师为辅导学生作画腾出时间。利用多媒体结合山区素材播放，例如：山里的竹子、兰花、杜鹃、各式各样的小鸟、螃蟹、小虾等，让国画课堂更有趣和形象化。让学生们把他们熟悉的花草带到课堂，边观察边画；当我教他们示范画小鸟的时候，还运用Photoshop定格动画的制作方法，把小鸟的绘画步骤制作成生动的GIF动画，视频动画里面画好的小鸟从画纸上飞走了，只留下一根羽毛飘然落下。学生们被这些画面深深吸引住，好奇这是老师做的动画吗？太好玩了，他是怎样做到的，从而逐渐爱上了国画课堂。

（四）利用多媒体投影仪展示学生们的作品

分享交流也是一种美德。一节国画课快结束的时候，我会让学生们自愿地把自己的国画作品，拿到讲台的投影仪上进行展示。让他们讲讲自己绘画的过程、绘画方法以及绘画时的心情、状态等。这样不光让学生们学会在纸上表达，还能大胆地在同伴面前展现自己、分享自己绘画的心得，让学生们的自信心得到了提高，在台下观看的学生也能学习到他人的成功之处，一举两得。

综上所述，在国画课堂教学过程中，应用多媒体技术，能够创设出丰富的教学情境，提升美术教学质量，以发挥国画教学的时效性，深层激发学生学习国画的积极性，提高小学生的国画绘画水平，激发学生爱国情感，弘扬中国传统文化，增强学生们的文化自信，促进小学生们的素质培养。

参考文献

［1］徐福珍.浅谈国画教学的意义［J］.素质教育，2012（80）.

［2］陆小波.浅谈多媒体在美术教学中的应用［J］.现代交际，2011（6）.

第六章 科学教学

"用纸造一座桥"教学设计

杨云和

【教学目标】

1. 科学概念

（1）桥梁有多种不同结构，有的桥梁把多种结构合为一体。

（2）桥的形状和结构与它的功能是相适应的。

（3）设计和建造桥梁时需要综合考虑许多因素，如造桥的要求，材料的特性和数量、形状和结构等。

2. 过程与方法

（1）经历设计、制作、介绍交流的过程，体会设计的重要性。

（2）应用形状结构的知识及经验设计和制作。

3. 情感、态度、价值观

（1）发展乐于动手、善于合作、不怕困难的品质。

（2）发展尊重他人、认真倾听、敢于发表意见的品质。

【教学重点】

（1）经历设计、制作、介绍交流的过程，体会设计的重要性。

（2）应用形状结构的知识及经验设计和制作。

【教学难点】

学生难以将设计图转化为制作的实物图，尤其是将纸张变成棒子以及连接成稳固的桥。

【教学准备】

（1）教师：PPT、活动任务单。

（2）学生：A4纸、液体胶、双面胶、桥台、钢直尺（卷尺）、美工刀、剪刀、铅笔、圆棒、垫板、颜料、彩色笔等。

【教学过程】

1. 导入新课："桥梁大观园"（5分钟）

（1）课件中出示《清明上河图》的照片，提问学生：

① 图画里面都有什么？

② 图上的人都在做什么？

③ 为什么桥可以承受那么多人？

④ 桥的作用是什么？

（预设：引导学生思考拱形的结构）

（2）通过《清明上河图》让学生回忆桥使用拱形的结构以及拱形可以承受很大的力等知识。

（3）出示古代桥梁的图片（十七孔桥、三江风雨桥、赵州桥、安平桥等），让学生分析其结构。（拱形、支柱等）

2. 活动任务："头脑风暴"（5分钟）

（1）我们古代桥梁使用了石块或者是木材搭建的，那我们能不能用纸搭建一座桥呢？（出示一张"纸桥上可以站人"的新闻报道）

（2）出示活动任务：用纸制作一座纸桥。

① 制作时间：30分钟。

② 要求："纸桥"的结构类型不限，车道位置为上承式（桥面设置在桥跨，主要承重结构上面），桥主孔能通过一个28cm×28cm×6cm的障碍物长方块，制作好的"纸桥"能够放到测重装置两个桥台之间位置，（桥台高度14cm，宽度15cm，间距50cm，如图2-27），桥面不得搭到桥台上面，桥面能通过测重物。不能同时满足以上要求的桥梁视为不合格，不得进行承重测试。

③ 作品需要符合一定美观程度。

④ 设置"最美纸桥"和"承重桥王"奖项。

桥台

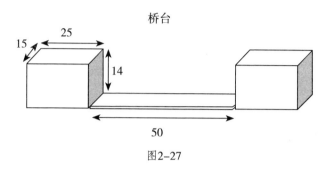

图2-27

3. 绘制设计图："小小设计师"（20分钟）

（1）引导学生思考：

① 要考虑到纸这种材料有哪些特性？

② 纸的承受力有哪些特点？

③ 要根据纸的特点选择形状和结构？

④ 用什么方法增强纸的抗弯曲能力？

（2）在任务单上填写"桥"的设计方案，独立绘画桥梁设计图。

（包含使用材料、结构说明、制作步骤、设计简图等）

4. 交流与讨论："设计师交流会"（10分钟）

（1）小组根据"活动讨论记录单"进行讨论，说自己的设计方案，交流评选，互相补充。（记录单见附件）

（2）制定评定规则，学生根据教师提供的规则进行补充与表决。

① "最美纸桥"：小组上台展示，组间投票，票数最高可获得。

② "承重桥王"：抗压重量最大的作品获得。

5. 制作纸桥："我们是桥梁工程师"（30分钟）

（1）示范如何用A4纸或者报纸制作"纸棒"，教师与学生实操。

（播放视频：用竹签在桌面上用力搓纸棒，再用胶水粘合）

（2）学生在小组合作中自由制作纸桥，做好的小组可以简单测试以及修补。

（3）制作桥梁的过程中，提醒学生可以对桥梁适当地装饰，如颜料涂抹、贴纸以及小饰品（小灯笼、彩灯）等，可自由发挥。

6."桥梁大比拼"（10分钟）

（1）学生上台展示，组织学生小组投票。

（可以桥的名字、制作构造、寓意、优势等进行展示讲解）

（2）组织学生进行"纸桥"测试承重量，并记录数据在黑板上，便于评比。

（3）活动颁奖会：由教师根据比赛结果进行公布获奖小组，并及时让获奖小组成员发表"获奖感言"。

（4）以小组为单位在课后进行反思与总结，并记录在活动单中。（活动单见附录）

（5）教师总结：

《清明上河图》给我们展示的不仅仅是画家张择端的精湛技艺，更是历史生活的真实写照，而我们从科学的角度来看，桥上这么多行人是合理的？怎么合理呢？我们在"纸桥"的制作与测试中也能感受得出来。

【板书设计】

用纸造一座桥

清明上河图→桥→这么多行人？

拱形、承重

抗弯曲：纸张→纸棒

附件1：

活动讨论记录单

现在大家作为一个团队，一起讨论，一起设计，一起制作，才能完成我们的桥梁。

（1）一起讨论团队的桥梁，并根据讨论内容进行记录

设计者	优点	缺点	制作难度	预设困难

（2）反思总结：

① 设计的想法是怎样形成的，出示设计图或设计过程。

② 应用了哪些形状方面的知识？

③ 应用了哪些结构方面的知识？

④ 我们的桥哪里受压力，哪里受拉力……

⑤ 制作过程中遇到了什么困难，怎么解决的？

⑥ 哪些地方限于技术，做得不够好？

⑦ 哪些地方是具有明显的优势的？

⑧ 纸桥能承多少重量？

渗透中华传统文化，发展科学核心素养

——以教科版科学三年级"动物的一生"单元为例

张远思

在《关于实施中华传统文化传承发展工程的意见》中明确要求：教育必须要积极践行立德树人这一根本任务，立足学生学情，结合教学目标，遵循发展规律，在教育各个环节中有效渗透中华优秀传统文化。而科学学科的核心素养是学生在接受科学教育过程中形成的适应个人终身发展和社会发展需要的必备品格和关键能力，是学生通过科学学习内化的带有科学学科特性的品质，包括科学观念与应用、科学思维与创新、科学探究与交流、科学态度与责任。

作为科学教师，应明确自身在传承中华传统文化中所肩负的责任，尝试挖掘学科与传统文化之间的关系，梳理两者的契合点，并选择合适的方法和路径，在科学课堂中渗透中华传统文化，"内化于心，外化于行"，提升学生的科学核心素养。

下面以教科版科学三年级"动物的一生"单元为例，谈谈关于在科学课堂中如何渗透优秀传统文化的方法的一些实践和思考。"动物的一生"这个单元，主要让学生在养蚕和观察中体验蚕的整个生命周期的过程，从而了解动物的一生经历的阶段。在教学实践中，可以发现，在此单元的各个教学阶段可渗透中华传统文化的精神、技术以及本土传统。

一、阅读优秀典故，提升科学兴趣

在对本单元的教学前，可尝试以"丝绸之路"做引入，让学生了解丝绸之路的历史，中国作为丝绸的故乡，同时是丝绸最大出口国，自从汉唐以来远销海外、享誉世界。丝绸不仅仅是单纯的产品，更与中国的礼仪制度、民风民俗、文化艺术等联系密切，催生出一条中西文化交流两千多年的丝绸之路。

而在丝绸从何而来，便引出本单元的研究对象"蚕"。有优秀历史典故的铺垫，不仅让学生了解到这一小小生命在我们历史长河中发挥的重要作用，更提高了他们对其中蕴含的科学的兴趣，带着传统文化的自豪感开展一个单元的学习，这种传统文化的魅力与精神渗透并贯穿整个单元的学习。

二、体验养殖过程，体会传统精神

给学生提出本单元的目标——体验蚕的整个生长过程。从"卵""幼虫""蛹""成虫"，蚕的生命周期约49—56天，对于三年级的孩子而言，是一个周期比较长的观察过程，而且他们需要悉心地喂养照料、仔细地观察蚕的生长变化。

在学生养殖过程中，让他们知道，传统的养殖蚕过程也需要经历这个过程，而且他们还没有现代科技的辅助，却依然能够为丝绸的生产做出重大的贡献。这如同一次与传统的对话，学生能深刻体会古代劳动人民锲而不舍的精神、善于观察总结经验并不断尝试的智慧。

三、知晓传统技术，树立科学思想

中国是历史上最早养蚕缫丝的国家，养蚕缫丝技术包括：蚕种、二眠、三眠、收茧、混茧、选茧、煮茧、缫丝等步骤。以纪录片的形式让学生了解养蚕缫丝技术，并让他们到实验室亲身体验这个过程，深入了解传统技术中蕴含的原理。更可探寻中国发明和技术的发展，课后拓展了解后来的养蚕缫丝技术的创新与改进，树立科学的思想。

四、回顾本土传统，探寻创新之路

在整个单元的学习后，带领学生回顾"蚕的一生"，体会生命的力量，古代人民的技术与智慧，丝绸之路的历史震撼。而渗透本土的传统文化与精神，是本单元不可或缺的一笔。珠海是南海"丝绸之路"的重要通道，珠海的香山故镇濠潭遗址、淇澳岛牛婆湾遗址、平沙棠下环遗址的唐代地层中，在南水蚊洲岛沙滩上都发现大量唐宋及元代以后的外销瓷器。渗透本土传统，学生对自己身处的环境能有更多的思考，从"丝绸之路"到"一带一路"，是传统的回顾，创新的探寻，尝试在传统文化滋养的土地上埋下一颗未来能提供更多创新思想的种子。

中华传统文化需要发扬与传承，学生科学素养需要发展与培育。以上例子是对科学课堂渗透传统文化的实践和思考，旨在立足教材、达到课程目标的同时，找寻到课程与传统文化的契合点，作为对课程的拓展延伸，让学生对本单元的知识有更立体全面的认识，增强与生活的联系，达到发展科学素养的目的。

参考文献

［1］尹慧.基于传统文化的科学课教学研究与探索［J］.小学科学（教师版）.2019（12）.

［2］吴章德.基于中华优秀传统文化的小学STEAM教育实践与探索——以教科版小学科学教材拓展为例［J］.教育与装备研究，2018（9）.

第七章 信息及劳动教学

"制作特色贺卡"教学设计

庞 娟

【教学内容】

"制作特色贺卡"是广东教育出版社出版的广东省小学信息技术教材第二册（上）的第8课。

【教学目标】

1. 知识与技能

（1）认识背景图、剪贴画及自选图形。

（2）学会设置页面及插入背景、添加艺术字、插入剪贴画以及插入自选图形等操作。

2. 过程与方法

采用任务驱动教学模式，通过在文档中插入各种不同的对象，如图片、艺术字、背景等，让学生自主探究，感受学习用Word软件来制作电子贺卡。

3. 情感态度与价值观

（1）通过交流评价，增强自信心并充分发挥想象力，制作有特色的贺卡，从中体验成功的快乐。

（2）通过学习制作贺卡，培养学生观察、分析、创造、欣赏、协作和评价能力。

（3）增强学生保护环境、珍惜资源的意识。

【教学重点】

掌握插入背景、剪贴画、艺术字、自选图形的方法和设置技巧。

【教学难点】

调整图片、艺术字的格式和位置。

【教学过程】

教学环节	教师活动	学生活动	设计意图
创设情境引出任务	同学们，你们知道每年的除夕过完以后是什么节日吗？没错，就是春节，很多同学都会去商场选择一些贺卡送给自己的亲朋好友，可是你们知道吗：（课件出示） 生产1张贺卡要消耗纸张10克 生产1张贺卡要消耗水1千克 生产1张贺卡要排出污水3千克 废弃1张贺卡约生产垃圾15克 买1张贺卡并邮寄最起码需要2元钱 看了以上的数据，你有什么感想？ 是啊，纸质贺卡不仅要花钱，还会造成资源的浪费，因此现在开始流行电子贺卡啦。老师这里有上两届同学制作的电子贺卡，请同学边欣赏边观察：贺卡的纸张方向是怎样的？里面包含了哪些内容？能用我们以前的哪些知识来制作？ （引出课题） 刚才我们大家都欣赏了几张既漂亮又有特色的电子贺卡，现在要制作一张这样的电子贺卡。这节课我们就来学习第8课"用word文档制作电子贺卡"	学生观看并思考得出挺浪费资源的 生答：插入图片，艺术字，剪贴画，自选图形……	通过出示纸质贺卡所造成的资源浪费和环境污染，激起学生学习制作电子贺卡的积极性和保护环境的意识
任务驱动合作探究	任务一：设置页面及背景图 同学们要制作一张这样的电子贺卡，你们可要过五关斩六将噢，大家有信心吗？ 首先，第一关设置贺卡大小及背景图，大家回忆上次我们制作小名片时的设置方法，然后打开word按以下参数设计贺卡	生：解决问题完成第一关	word中图片的不同环绕方式的特点是学生学习的难点，书本对这部分知识介绍得较为分散，这样集中进行讲解更利于学生对知识的理解

教学环节	教师活动	学生活动	设计意图
任务驱动合作探究	纸张大小：32开 页边距：1厘米 方向：横向 看来大家对于页面的大小已经很熟悉了，现在就请同学们在页面中插入自己喜欢的背景图片，并将图片边框线条设定为自己喜欢的颜色，遇到问题别忘了向我们的好老师——书本请教哦。 小组讨论：如何改变图片的大小并使其作为文字的背景？ 刚才不少同学向老师询问有关图片的环绕方式问题，现在请同学们观看课件的演示和讲解，相信能解答你心中的疑问。（师示范） 课件演示word中图片的不同环绕方式的特点。 任务二：添加艺术字 设置好页面和插好背景图后，接下来我们应该在卡片中输入主题文字了，比如：新年快乐！那如何让这些文字更突出、漂亮呢，其实在word中通过插入艺术字是可以轻易让文字变漂亮的，请同学们观看大屏幕上老师的演示。 （教师演示在word中插入艺术字的方法和步骤，并注意提醒学生观察在图片插入的同时弹出了"图片工具栏"，在艺术字插入的同时弹出了"艺术字工具栏"） 相信同学们看了老师的演示，现在已经摩拳擦掌、跃跃欲试了。那现在就请同学们结合老师的演示在贺卡中插入主题文字吧。 温馨提示：遇到问题时老师给你们提供了3种求助方法：①从课本中寻找帮助；②可以向同学寻求帮助；③向教师提出问题，你可以采用其中一种方法解决困难。 教师巡视指导，检查知识点掌握情况，鼓励学生积极动手实践、思考、讨论，注重指导学困生。 （小组交流、讨论） 刚刚老师巡视了一下，发现同学们都很聪明，都在贺卡里插入了艺术字并进行了调整，现在请同学们在小组里互相交流、讨论还有没有其他的方式修改艺术字效果的	生自学完成，可以相互讨论 生观看操作展示 生自主完成操作任务 生操作 生讨论交流	由于插入艺术字涉及的知识点较多，因此我采用了教师先示范，学生再操作的方式进行教学。在学生探究过程中，通过采用小组交流、讨论的方式，让学生之间互相学习，取长补短，主动解决问题

教学环节	教师活动	学生活动	设计意图
任务驱动合作探究	刚才同学们都讨论得很积极，现在谁愿意说一说你所了解到的设置艺术字效果的方法呢？ （小结）艺术字的效果有很多，学会了插入艺术字后，我们就可以根据自己的爱好进行设置，制作出精美的word的文档了。 任务三：插入剪贴画 同学们可真聪明，已经顺利完成了二个任务，接下来我们来完成第三个任务：插入剪贴画。之前我们插入的图片都是从文件夹中来的，其实在word中也自带了不少漂亮的剪贴画，（课件出示一些剪贴画）那如何插入这些图片呢？请自学书本P75的内容， （了解自学情况） 刚才同学们都对我们插入剪贴画的方法和步骤认真地看了一遍，对于这部分内容大家还有什么疑问的地方吗？ 看了老师的演示，相信同学们已经迫不及待地要开始了，接下来大家就从剪贴画中选择自己喜欢的图片插入到贺卡中吧。 同学们在操作过程中遇到问题时，可以选择我们3种求助方式中的任何一种，同时先完成的同学请多帮一帮有困难的同学。 （教师巡视，适当指导学生） （指名学生到老师机演示插入剪贴画的步骤） 任务四：插入自选图形 其实，在word中不但自带有许多漂亮的剪贴画，还有很多漂亮的各种自选图形，（课件出示部分自选图形）接下来我们进入第四关：插入自选图形。 请同学们先自学书本P76—77的内容，有疑问的可以提出来。 （解答学生的问题）刚才有同学提出看不到书本说的"绘图工具栏"，这时我们可以通过"视图工具栏绘图"将它找出来	生回答 生自学课本内容 生操作完成任务，可以互相帮助 生自学课本	本环节通过让学生带着任务，自主尝试操作，自己去发现问题、分析问题和解决问题。教师只是引导、帮助学生探究新知，并营造和谐的学习氛围，让学生在轻松愉快的学习环境中主动学习

教学环节	教师活动	学生活动	设计意图
任务驱动合作探究	现在请同学们参照书上"学着做"的方法在自己的贺卡里插入自己想要的自选图形吧，有困难的可以向同学或老师请教。 （改变自选图形的叠放次序） 刚才很多同学向老师询问，插入自选图形后，原来位置上的图不见了，不知道该怎么办，哪位同学可以帮助他们解决这个问题呢？ 插入好自选图形后，请同学们小组讨论如何对自选图形进行格式设置？ 谁愿意向大家演示一下如何对自选图形进行格式设置。 现在请同学们对自己插入的自选图形进行格式设置吧。 我们大家知道贺卡不仅要图文并茂，而且布局要合理，图片与文字的色彩要协调一致，才能够充分表达我们的主题。接下来，请同学们在优美的音乐声中展开你们想象的翅膀适当调整图片、艺术字与祝福语的位置，并加以修饰，把美好的祝愿运用贺卡展现出来，这就是我们的第五关：美化自己的贺卡。 （教师巡视，做个别辅导） 大家还记得课刚开始时我们说："过五关斩六将"，现在同学们已经过完了五关，斩了五将了，接下来的第六将是什么呢 没错，就是保存，请大家将贺卡保存在我的文档中，这样就大功告成了	生示范操作 生展示操作步骤 生进一步 美化作品 生保存作品	由于有了前面插入图形和艺术字的基础，学生对于插入自选图形也就不存在太大的问题了，因此我放手让学生进行自主探究性、创新性和协作性的学习，开启学生的智慧，发挥学生的主动性
评价交流归纳总结	1. 作品交流评价：接下来请同学们首先在本小组学生之间进行交流，然后小组成员共同讨论推荐优秀的、具有创意的作品，代表本组在全班进行作品交流，由全体师生共同进行评价，评选出优秀作品。交流作品的学生要介绍自己所制作的贺卡：什么地方最精彩？为了使贺卡更加吸引人，你做了哪些尝试？ 2. 分组展示，引导学生对部分优秀作品进行评议、分析，教师应及时激励学生	生交流评价 生观看展示作品	通过成果的交流评价，不仅可以使更多学生充分施展自己的聪明才智，激发学生的学习兴趣，还体现了学习过程的创造性，使得学生们都跃跃欲试，积极参与

教学环节	教师活动	学生活动	设计意图
回顾课堂评议总结	1. 今天我们学习了用word制作特色贺卡。同学们都做得很好，下面，请大家根据以下问题，看看你学会了哪些知识？ ① "我"会设置贺卡大小，会插入背景图、艺术字、剪贴画和自选图形吗？（知识星） ② "我"能改变贺卡中所插入的图形、艺术字的大小、形状、位置吗？（能力星） ③ "我"为贺卡插入的图形、艺术字大小、位置、颜色美观吗？（智慧星） 2. 现在请同学们就本节课的学习说说自己有什么收获和感想，对老师有什么评价呢？ 3. 课堂小结：同学们，通过这一节课我们学会了运用word制作图文并茂的贺卡来表达心愿。希望同学们能在生活中灵活运用我们所学的知识，使我们的生活也能 "图文并茂"、丰富多彩。别忘了把你们这堂课亲手制作的贺卡送给你最亲近的人	生小结	让学生对照问题检查自己本节课的收获，以养成善于总结的好习惯
板书设计	制作特色贺卡 1. 设置页面、插入背景图（衬于文字下方） 2. 添加艺术字（浮于文字上方） 3. 插入剪贴画 4. 插入自选图形（叠放次序） 5. 保存		

"猜灯谜"教学设计

徐 晓

【教材分析】

本课是广东教育出版社出版的小学信息技术教材第二册（下）第10课的内容。本课涉及的知识技能较多，有旧知也有新知。插入图片、文字，并对文字图片编辑修饰，艺术字的运用，自选图形的设计等均是学生已经掌握的知识，而背景图片的渐变填充效果和设置图片的水印效果是新知。

【教学目标】

1. 知识与技能

学会更换幻灯片背景、处理图片，并能制作图文并茂的幻灯片。

2. 过程与方法

培养学生一定的信息处理能力，并通过创作带有个人风格的作品，培养创新能力。

3. 情感态度与价值观

在学习的过程中，提高学生对传统文化的认识。

【教学重点】

对插入的文字、图片进行编辑。

【教学难点】

调整图片大小、移动图片位置、旋转图片及运用自选图形设计图片外观。

【教学过程】

1. 激趣导入，情境创设

展示白莲洞公园举办的中秋节花灯展的图片，你知道这些逛花灯最大的乐趣是什么吗?对，是猜灯谜。我们也要举办一个猜灯谜的活动，请同学们先制作灯谜PPT吧。

2. 分析任务，完成任务

播放幻灯片，仔细观察以下5张幻灯片，你能分析出每张幻灯片运用了哪些编辑技巧吗？在运用上你还存在什么困难吗？

任务一：更改幻灯片的背景

展示两张幻灯片，一张有背景，一张没有设计背景，学生感受到有背景的幻灯片氛围感更强。

要求：观看微课视频，自学更改幻灯片背景的方法。

在素材库里选择合适的图片更改你的幻灯片背景。

学生边讲解边演示。

任务二：编辑文字资料

要求：小组合作，插入文本框，编辑灯谜。

学生探索，教师巡视，并做个别辅导。

任务三：设计艺术化标题

展示几幅艺术化的标题，这些都是运用艺术字和形状叠放的方法设计的，非常美观，视觉上冲击感强烈，给人留下深刻印象。

要求：看微课学习艺术字和形状叠加的方法设计标题。

小组合作，设计个性化的"猜灯谜"。

学生探索后，承上启下，引出下一个任务。

任务四：图文混排

编辑完灯谜文字内容，我们还需要配一些插图，让画面更丰富。

要求：根据灯谜内容配相应的插图，布局美观、色彩搭配合理。

3. 自由创作

拓展任务：制作图文并茂的幻灯片，每组至少5张，美观协调。

4. 展示评价

请小组展示他们的猜灯谜PPT，全班参与猜灯谜。

学生点评。

5. 总结

（1）今天你学会了什么？还有哪些不足？

（2）老师总结。

"走进中国结"教学设计

李怡萱

【教学目标】

（1）初步了解关于中国结的初浅知识，欣赏中国结的多样化，感受中国结的美，产生喜爱中国结的情感。

（2）发展动手能力，体验编中国结的乐趣。

（3）了解中国结的编织工具与材料，尝试学编简单的十字结，培养学生的初步动手能力。

（4）能呈现自己的中国结，并能欣赏别人的中国结。

【教学重点】

（1）通过欣赏多样的中国结，感受中国结的美，产生喜爱中国结的情感，萌发民族自豪感。

（2）激发学生对劳动人民的热爱之情。

【教学难点】

尝试学编简单的十字结，培养学生的初步动手能力。

【教学准备】

PPT，中国红丝绳。

【教学过程】

（一）情境导入

（1）出示北京申奥标志，并讨论其中最引人注目的部分是什么图形。提出为什么申奥的标志要选择中国结，再让学生谈自己是如何理解的。

（2）展示用中国结装饰的生活物品，如扇子、手机、筷子、车饰等，还有身上穿的民族服饰上的结饰，如盘扣、腰带等，因为它们给我们带来了浓浓的中国气息，是我们炎黄子孙挥之不去的中国情结。

（3）介绍：中国结已经成为我们向世界传递祥和和喜庆的象征，在这个小小的中国结流行的现象背后，体现的是炎黄子孙强大的凝聚力。

（二）中国结的渊源、特点和寓意

1. 中国结的渊源

中国结源于古代的结绳记事，据《周易·系辞》载："上古结绳而治，后世圣人易之以书契。"东汉郑玄在《周易注》中道："结绳为约，事大，大结其绳，事小，小结其绳。"可见在远古的神州大地，"结"被中华先民们赋予了"契"和"约"的法律表意功能，同时还有记载历史事件的作用，"结"因此备受人们的尊重。斗转星移，数千年弹指一挥间，小小彩绳早已不是人们记事的工具，但当它被打成各式结绳时，却演化为一个个古老而美丽的传说——中国传统装饰结，简称"中国结"，成为中国特有的民间手工编织装饰品。

中国结的传说：从前，有一个怪物每年的春天都会吃一个人。这一年的春天，它决定吃一个小姑娘。当时，小姑娘正在编小蚂蚱，但由于心不在焉，编成了一个平安结。这时，怪物出现了。当怪物向小姑娘扑来时，小姑娘手中的平安结闪出一道金光，把怪物吓跑了。从此，平安结就成了保佑人们一生平安的吉祥物，一直流传到今天。

2. 中国结的特点

每一个结从头到尾都是用一根丝编结而成，故又叫"盘长结"。每一个基本结根据其形、意可单独命名。把不同的结饰互相结合在一起，或用其他具有吉祥图案的饰物搭配组合，就形成了造型独特、绚丽多彩、寓意深刻、内涵丰富的中国传统吉祥装饰物品，如"吉庆有余""福寿双全""双喜临门""吉祥如意""一路顺风"等组配，都表达热烈浓郁的美好祝福，是赞颂以及传递衷心至诚的祈求和心愿的佳作。

3. 中国结的寓意

中国结由于年代久远，其历史贯穿于人类史始终，漫长的文化沉淀使得中国结渗透着中华民族特有的、纯粹的文化精髓，富含丰富的文化底蕴。"绳"与"神"谐音，中国文化在形成阶段，曾经崇拜过绳子。据文字记载："女娲引绳在泥中，举以为人。"又因绳像盘曲的蛇龙，中国人是龙的传人，绳也代表了龙神的形象。在史前时代，用绳结的变化来体现的"结"字也是一个表示力量、和谐，充满情感的字眼，无论是结合、结交、结缘、团结、结果，还是结发夫妻、永结同心，"结"给人都是一种团圆、亲密、温馨的美感。"结"与"吉"谐音，"吉"有着丰富多彩的内容，福、禄、寿、喜、财、安、康无一不属于吉的范畴。

吉祥结：吉祥如意大吉大利　　如意结：如意自在随心所欲

方胜结：方胜平安一帆风顺　　盘长结：回环延绵长命百岁

团锦结：团圆美满锦上添花　　同心结：比翼双飞永结同心

祥云结：祥云绵绵瑞气滔滔　　　　桂花结：富贵平安花好月圆

双钱结：好事成双财源茂盛

（三）介绍中国结的分类与应用

中国结分为基本结、变化结和组合结。其中，基本结包括吉祥结、纽扣结、平结、双钱结、双联结等。相机出示相应的图片给学生欣赏。

（四）学会编知简单的中国结

1. 认识编织材料和工具

问：你们想想编织中国结需要什么材料？

（展示材料和工具）

2. 尝试操作

（1）观看视频。

（2）看图2-28。

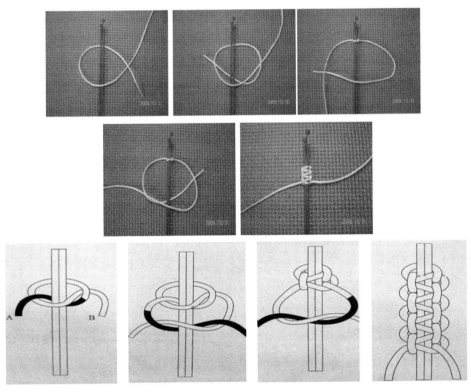

图2-28

（3）老师投影示范，一起动手做。

（4）学生练习，老师观察并进行个别指导。

（五）活动延伸

讲讲你的中国结表达了什么祝愿？请你给自己做的中国结取个好听的名字，并向（亲人、朋友、同伴）表达美好祝愿。

【板书设计】

中国结

渊源、特点、寓意编织